CGP
– books
like no others!

CGP

Get on a roll with GCSE German vocab!

Learning German vocab is like eating a giant pretzel. It looks easy
at first, but you start feeling full long before you've got halfway through.

Luckily, this bite-sized CGP book makes it easier to digest.
It covers all the key words you'll need for every topic, with handy
tick boxes to help you track how you're getting on.

So fix yourself a side dish of sauerkraut and get stuck in...

CGP — still the best! ☺

Our sole aim here at CGP is to produce the highest quality books —
carefully written, immaculately presented and dangerously close to being funny.

Then we work our socks off to get them out to you
— at the cheapest possible prices.

Contents

Contents

Published by CGP

Editors:
Cathy Lear
Rose Jones
Matt Topping

With thanks to Claire Boulter and Lucy Forsyth for the proofreading.
With thanks to Jan Greenway for the copyright research.

ISBN: 978 1 78294 862 9

Printed by Elanders Ltd, Newcastle upon Tyne.

Clipart from Corel®

Based on the classic CGP style created by Richard Parsons.

Colours

blau	*blue*	grün	*green*
braun	*brown*	hell	*light, pale*
bunt	*bright, multi-coloured*	lila	*purple*
		rosa	*pink*
dunkel	*dark*	rot	*red*
die Farbe	*colour*	schwarz	*black*
gelb	*yellow*	weiß	*white*
grau	*grey*		

Common and Useful Words

die Ahnung	*idea (notion)*	der Betreff	*subject*
alle	*all, everyone*	bitte	*please, here you are, you're welcome*
allgemein	*general*		
am meisten	*most*		
anbieten	*to offer*	bleiben	*to stay, to remain*
andere	*other*	das	*that*
Angst haben	*to be afraid*	das stimmt	*exactly, that's right*
die Art	*sort, type*		
aufhören	*to stop (doing something)*	dies	*this*
		das Ding	*thing*
auf sein	*to be open*	dürfen	*to be allowed to*
ausleihen	*to lend*	eigentlich	*actually*
bedauern	*to regret*	ein bisschen	*a little*
der Bericht	*report*	einander	*one another, each other*
besonders	*particularly, especially*		
		einfach	*simple, simply*
bestehen aus	*to consist of*	einmal	*once*
		entweder…oder	*either…or*

2

erhalten	to receive	kennen	to know (people)
die Erlaubnis	permission	klar	clear
das Erlebnis	experience	kostenlos Also gratis	free (no charge)
es gibt	there is, there are	lassen	to leave, to let
etwas	something	laufen	to run, to walk
fragen	to ask, to question	letzte	last
für jetzt	for the moment	Man darf nicht	You are not allowed to
ganz	whole, entire	Man muss	You must
garantieren	to guarantee	meistens	mostly
das Gegenteil	opposite	der Mensch	person
genug davon	that's enough	die Mitte	middle
geöffnet Also offen	open	mit Vergnügen	with pleasure
gern	gladly, willingly	noch	still
gern haben	to like	noch einmal Also nochmal	once more, again
gesandt von Also gesendet von	sent by	normal	normal
gewöhnlich	usual, normal, ordinary	öffnen	to open
gleich	immediately, same	passieren	to happen
		die Priorität	priority
im Großen und Ganzen	on the whole	sagen	to say, to tell
gute Laune haben	to be in a good mood	schauen	to look
		scheitern	to fail
haben	to have	schiefgehen	to go wrong
die Hilfe	help	schlechte Laune haben	to be in a bad mood
Ich verstehe nicht	I don't understand	schlecht gelaunt sein	to be in a bad mood
immer	always	schnell	fast, quick(ly)
informieren	to inform	schön	beautiful, pleasant
irgendetwas	anything		
irgendwo	somewhere (or other)	sehen	to see, to look
		sehr	very
jemand	someone, somebody	sein	to be

1

so	*so, as*	wahrscheinlich	*probably*
sollen	*ought to, should*	der Weg	*way*
teilnehmen an	*to take part in*	weich	*soft*
um etwas bitten	*to ask for something*	die Weise	*way*
		weitermachen	*to carry on*
unterbrechen	*to interrupt*	werden	*to become, to get*
die Veranstaltung	*event*	wissen	*to know (facts)*
vergessen	*to forget*	wollen	*to want to*
versuchen	*to try (to do something)*	das Wort	*word*
		das Zeug	*stuff*
viel	*much, a lot*	zufällig	*random*
voll	*full*	zurückstellen	*to put back*
wahr	*true*	zu sein	*to be shut*

Higher only:

bedeuten	*to mean*	geschehen	*to occur, to happen*
der Eindruck	*impression*		
erweitern	*to broaden*	der Sinn	*sense*
eine Frage stellen	*to ask a question*	unabhängig	*independent*
der Gegenstand	*object*	unmittelbar	*direct*
		zu Gunsten	*in favour of*

Comparing Things

ähnlich	*similar*	gut	*good*
als	*than*	höher	*higher*
besser	*better*	mehr	*more*
eben	*just*	schlecht	*bad*
ebenso	*just as*	so viel(e)... wie	*as much / many... as*
genug	*enough*		

4

so... wie...	as... as...	verschieden	different
der Unterschied	difference	völlig	completely, fully
der Vergleich	comparison	wie	as, like
vergleichen	to compare	zu	too

Conjunctions

aber	but	obwohl	although
abgesehen davon	apart from this	oder	or
als	when (in past)	ohne Zweifel	without a doubt
als ob	as if	seitdem	since
also	so	sobald	as soon as
angenommen, dass	assuming that	sodass	so that
anstatt	instead	sogar	even
auch	also	sonst	otherwise
außerdem	besides, moreover	sowieso	anyway
		sowohl... als auch...	...as well as...
damit	so that	trotz	despite
dann	then	trotzdem	nevertheless
dass	that	übrigens	by the way
denn	for, because	um... zu	in order to
dennoch	nevertheless	und	and
deshalb Also deswegen	therefore	vorausgesetzt, dass...	provided that
drittens	thirdly	während	while, during
einschließlich	including	wegen	because of
erstens	firstly	weil	because
jedoch	however	wenn	if
nicht nur... sondern auch	not only... but also	zuerst	first
ob	whether	zweitens	secondly

Days, Months and Seasons

Montag	Monday	Mai	May
Dienstag	Tuesday	Juni	June
Mittwoch	Wednesday	Juli	July
Donnerstag	Thursday	August	August
Freitag	Friday	September	September
Samstag	Saturday	Oktober	October
Also Sonnabend		November	November
Sonntag	Sunday	Dezember	December
Januar	January	der Frühling	spring
Februar	February	der Sommer	summer
März	March	der Herbst	autumn
April	April	der Winter	winter

Greetings and Exclamations

Achtung!	Look out!	Entschuldigung!	I'm sorry! Excuse me!
Alles Gute!	Best wishes!		
Auf Wiedersehen!	Goodbye!	es geht mir gut	I'm well
Bis bald!	See you soon!	es geht mir schlecht	I'm not well
Bis Morgen!	See you tomorrow!	(es) tut mir leid	sorry
Bis später!	See you later!	Frohes Neues Jahr! Also Prosit Neujahr! Also Guten Rutsch!	Happy New Year!
bitte schön	you're welcome		
danke schön	thank you	Frohe Weihnachten!	Merry Christmas!
doch	yes indeed (contradicting a negative)	Gern geschehen!	You're welcome!
		der Glückwunsch	congratulations
		der Gruß	greeting
Entschuldigen Sie!	Excuse me!	Gute Nacht!	Good night!

6

Gute Reise!	*Have a good journey!*
Guten Abend!	*Good evening!*
Guten Appetit!	*Enjoy your meal!*
Guten Aufenthalt!	*Enjoy your stay!*
Guten Tag! *Also* Grüß Gott!	*Hello!*
Herzlichen Glückwunsch!	*Congratulations!*
Herzlichen Glückwunsch zum Geburtstag!	*Happy birthday!*
Herzlich willkommen!	*Welcome!*
in Ordnung	*okay, in order*
ja	*yes*
mit bestem Gruß	*best wishes*
natürlich	*of course*
nein	*no*
nichts zu danken	*don't mention it*
Prost!	*Cheers!*
Schöne Ferien!	*Have a good holiday!*
Tschüs(s)!	*Bye!*
(Viel) Glück!	*Good luck!*
wie schade!	*What a pity!*
das Willkommen	*welcome*

☺ ☐ ☺ ☐ ☺ ☐

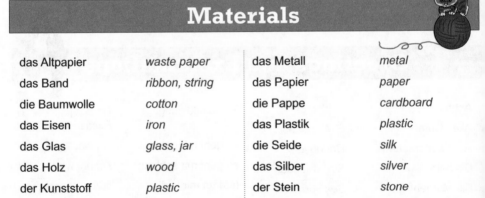

Materials

das Altpapier	*waste paper*
das Band	*ribbon, string*
die Baumwolle	*cotton*
das Eisen	*iron*
das Glas	*glass, jar*
das Holz	*wood*
der Kunststoff	*plastic*
das Leder	*leather*
das Leinen	*linen*
das Metall	*metal*
das Papier	*paper*
die Pappe	*cardboard*
das Plastik	*plastic*
die Seide	*silk*
das Silber	*silver*
der Stein	*stone*
der Stoff	*material*
die Wolle	*wool*

Higher only:

der Backstein	*brick*
der Samt	*velvet*

☺ ☐ ☺ ☐ ☺ ☐

Negatives

gar nicht	*not at all*	niemand	*no-one, nobody*
nicht	*not*	noch nicht	*not yet*
nicht einmal	*not even*	nur	*only*
nicht mehr	*no longer*	sonst nichts	*nothing else*
nichts	*nothing*	überhaupt nicht	*not at all*
nie	*never*	weder… noch...	*neither… nor...*
niemals	*never*		

Numbers

eins	*one*	neunzehn	*nineteen*
zwei	*two*	zwanzig	*twenty*
drei	*three*	dreißig	*thirty*
vier	*four*	vierzig	*forty*
fünf	*five*	fünfzig	*fifty*
sechs	*six*	sechzig	*sixty*
sieben	*seven*	siebzig	*seventy*
acht	*eight*	achtzig	*eighty*
neun	*nine*	neunzig	*ninety*
zehn	*ten*	hundert	*hundred*
elf	*eleven*	tausend	*thousand*
zwölf	*twelve*	die Million	*million*
dreizehn	*thirteen*	die Milliarde	*billion*
vierzehn	*fourteen*	erste(n)	*first*
fünfzehn	*fifteen*	zweite(n)	*second*
sechzehn	*sixteen*	dritte(n)	*third*
siebzehn	*seventeen*	vierte(n)	*fourth*
achtzehn	*eighteen*	fünfte(n)	*fifth*

sechste(n)	*sixth*	einzig	*only, single*
siebte(n)	*seventh*	etwa	*about*
achte(n)	*eighth*	kaum	*hardly, scarcely*
neunte(n)	*ninth*	mehrere	*several, various*
zehnte(n)	*tenth*	die Nummer	*number*
beide	*both*	viele	*many*
das Drittel	*third*	die Zahl	*figure, number*
das Dutzend	*dozen*	zählen	*to count*
ein paar	*a few*	zahlreich	*numerous*
einige	*some, a few*		

Opinions

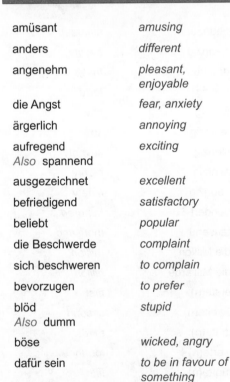

amüsant	*amusing*	das interessiert mich nicht	*that doesn't interest me*
anders	*different*	das ist mir egal	*I don't mind*
angenehm	*pleasant, enjoyable*	das kommt darauf an *Also* es hängt davon ab	*it depends*
die Angst	*fear, anxiety*	das macht nichts	*it doesn't matter*
ärgerlich	*annoying*	das reicht	*that's enough*
aufregend *Also* spannend	*exciting*	denken	*to think*
ausgezeichnet	*excellent*	eindrucksvoll	*impressive*
befriedigend	*satisfactory*	einverstanden	*agreed*
beliebt	*popular*	enorm	*enormous*
die Beschwerde	*complaint*	entsetzlich	*horrible*
sich beschweren	*to complain*	ernst	*serious*
bevorzugen	*to prefer*	erstaunt	*astonished*
blöd *Also* dumm	*stupid*	es ärgert mich	*it annoys me*
böse	*wicked, angry*	es bringt mich zum Lachen	*it makes me laugh*
dafür sein	*to be in favour of something*	es lohnt sich nicht	*it isn't worth it*

etwas satthaben	to be sick of something	leider	unfortunately
fantastisch	fantastic	lieber	rather
faszinierend	fascinating	Lieblings-	favourite
finden	to find	lustig	funny (nice, cute)
die Freude	joy	meinen	to mean, to think
sich freuen über	to be glad about	meiner Meinung nach	in my opinion
furchtbar	awful	die Meinung	opinion
gefallen	to please	mies	bad
... gefällt mir	I like...	mit etwas einverstanden sein	to agree with something
genießen	to enjoy	modern	modern
glauben	to think, to believe	mögen	to like
großartig	magnificent	mühelos	effortless
günstig	favourable	der Nachteil	disadvantage
hassen	to hate	die Nase voll haben	to be fed up
hässlich	ugly, nasty	nett	nice
herrlich	splendid, wonderful	neu	new
hervorragend	outstanding	nützlich	useful
hoffen	to hope	nutzlos	useless
ich denke, dass...	I think that...	optimistisch	optimistic
ich kann... gut leiden	I like...	persönlich	personally
ich kann... nicht leiden	I can't stand...	pessimistisch	pessimistic
ich weiß es nicht	I don't know	praktisch	practical
informativ	informative	prima	great
interessant	interesting	recht	right, just
sich interessieren für	to be interested in	sauer sein	to be cross
klasse	great	schade	it's a shame
komisch	funny (odd)	schrecklich	terrible
kompliziert	complicated	die Schuld	fault
sich langweilen	to be bored	schwach	weak
langweilig	boring	schwierig	difficult
		sicher	sure, certain(ly)
		sympathisch	nice

toll	*great, terrific*	vorziehen	*to prefer*
übel	*bad, nasty*	wirklich	*really*
überrascht	*surprised*	witzig	*funny (humorous)*
unglaublich	*unbelievable*	wunderbar	*wonderful*
unterschiedlich	*variable*	wunderschön	*lovely, wonderful*
unzufrieden	*dissatisfied*	ziemlich	*quite, fairly*
die Verbesserung	*improvement*	zustimmen	*to agree*
vielleicht	*perhaps*		

Higher only:

gelangweilt	*bored*	sexistisch	*sexist*
kostbar	*precious*	die Überraschung	*surprise*

Parts of the Body

der Arm	*arm*	der Knochen	*bone*
das Auge	*eye*	der Kopf	*head*
der Bauch	*tummy*	der Körper	*body*
das Bein	*leg*	die Lunge	*lung*
das Blut	*blood*	der Magen	*stomach*
der Finger	*finger*	der Mund	*mouth*
der Fuß	*foot*	der Nacken	*neck*
das Gesicht	*face*	die Nase	*nose*
das Haar	*hair*	das Ohr	*ear*
Also die Haare		der Rücken	*back*
der Hals	*throat*	die Schulter	*shoulder*
die Hand	*hand*	die Stimme	*voice*
die Haut	*skin*	der Zahn	*tooth*
das Herz	*heart*	der Zeh	*toe*
das Knie	*knee*		

Higher only:

das Fußgelenk	*ankle*	das Kinn	*chin*
das Gehirn	*brain*		

Prepositions

ab	*from (time)*	mit	*with*
an	*at, on*	mitten in	*in the middle of*
auf	*on*	nach	*to, after*
aus	*out*	nah	*near*
außer	*except for*	neben	*next to*
außerhalb	*outside*	ohne	*without*
bei	*with, next to*	seit	*since*
dagegen	*against (it, them)*	über	*above, over*
drinnen	*inside*	um	*around, at*
durch	*through*	unter	*beneath, under*
entlang	*along*	von	*from*
für	*for*	vor	*in front of, outside, before*
gegen	*against*		
gegenüber	*opposite*	vorbei	*over*
hinter	*behind*	zu	*to*
hin zu	*towards*	zwischen	*between*
in	*in, into*		

Higher only:

statt	*instead of*

12

Questions

Um wie viel Uhr?	*At what time?*	wie lang(e)?	*how long?*
wann?	*when?*	Wie schreibt man das?	*How do you spell that?*
warum?	*why?*	Wie spät ist es?	*What's the time?*
Also wieso?		wie viel?	*how much?*
was?	*what?*	wie viele?	*how many?*
Was bedeutet das?	*What does that mean?*	Wie viel Uhr ist es?	*What's the time?*
was für?	*what sort of?*	wo?	*where?*
welche?	*which?*	wofür?	*what for?*
wer?	*who?*	woher?	*where from?*
wessen?	*whose?*	wohin?	*where to?*
wie?	*how?*	womit?	*what with?*
wie bitte?	*pardon?*		

Right and Wrong

bestimmt	*definite, particular*	nötig *Also* notwendig	*necessary*
der Blödsinn	*nonsense*	die Ordnung	*order*
falsch	*false, wrong*	perfekt	*perfect*
der Fehler	*mistake, error*	Recht haben	*to be right*
genau	*exactly*	richtig	*right, correct*
der Grund	*reason*	ungerecht	*unjust, unfair*
keine Ahnung	*no idea, I don't know*	Unrecht haben	*to be wrong*

Shapes, Weights and Measures

alles	*everything*	das Maß	*measure*
außen	*external*	die Menge	*amount*
breit	*wide, broad*	eine Menge	*a lot of*
dicht	*dense*	messen	*to measure*
die Hälfte	*half (noun)*	der Meter	*metre*
die Dose	*can, tin*	mindestens	*at least, a minimum of*
dünn	*thin*		
eng	*tight*	niedrig	*low*
flach	*flat*	das Paket Also die Packung	*packet*
die Flasche	*bottle*		
die Form	*shape*	das Pfund	*pound*
gerade	*straight*	pro	*per*
das Gewicht	*weight*	die Quantität	*quantity*
das Gramm	*gram*	rund	*round*
die Größe	*size, height (of people)*	die Scheibe	*slice*
		schmal	*narrow*
halb	*half (adjective)*	schwer	*heavy*
hoch	*high*	das Stück	*piece (of paper, cake)*
höchste	*highest*		
der Kasten Also die Kiste	*box*	das Verhältnis	*proportion*
		viereckig	*square*
klein	*small, short*	wenig	*little*
der Kreis	*circle*	wenigstens	*at least*
leicht	*light*	wiegen	*to weigh*
der Liter	*litre*	der Zentimeter	*centimetre*

Time Expressions

ab und zu	now and then	die Jahreszeit	season
der Abend	evening	das Jahrhundert	century
abends	in the evening	jetzt	now (right now, immediately)
aktuell	current		
am Anfang	at first	letzte	last
aus sein	to be over	letztes Jahr	last year
bald	soon	das Mal	time (occasion)
bevor	before	manchmal	sometimes
bis	until	die Minute	minute
damals	then (at that time)	der Mittag	midday
danach	then (after that)	mittags	at midday
das Datum	date	die Mitternacht	midnight
dauern	to last	der Moment	moment
endlich	finally, at last	Also der Augenblick	
Also zuletzt		Also der Zeitpunkt	
		der Monat	month
erste	first	monatlich	monthly
erst um	not until	morgen	tomorrow
fast	almost	der Morgen	(early) morning
früh	early	morgen früh	tomorrow morning
ganztags	all day		
gegen	about	morgens	(early) in the morning
die Gegenwart	present (here and now)		
		nachdem	after
gestern	yesterday	nachher	afterwards
heute	today	der Nachmittag	afternoon
heutzutage	nowadays	nächste	next
immer noch	still	nächstes Jahr	next year
Also noch immer		die Nacht	night
immer wieder	again and again	nachts	at night
im Voraus	in advance	neulich	recently
inzwischen	meanwhile	Also kürzlich	
das Jahr	year	normalerweise	normally

nun	now (the present time)	die Vergangenheit	past
oft	often	sich verspäten	to be delayed, to be late
plötzlich	suddenly	die Verspätung	delay
pünktlich	punctual, on time	das Viertel	quarter
rechtzeitig	on time	von Zeit zu Zeit	from time to time
regelmäßig	regularly	vor kurzem	recently, a short time ago
schließlich	finally		
schon	already	vorgestern	day before yesterday
die Sekunde	second	vorher	beforehand, previously
selten	rare, seldom		
spät	late	der Vormittag	(late) morning
später	later	vormittags	(late) in the morning
die Stunde	hour		
der Tag	day	wieder	again
täglich	daily	die Woche	week
übermorgen	day after tomorrow	das Wochenende	weekend
		wöchentlich	weekly
die Uhr	clock, watch, hour	die Zeit	time
		der Zeitpunkt	point in time
verbringen	to spend (time)	zu Ende sein	to be over

Abbreviations

das Abi (Abitur)	A-Level equivalent	die BRD (Bundesrepublik Deutschland)	Germany
die AG (Arbeitsgruppe, Arbeitsgemeinschaft)	team	d.h. (das heißt)	i.e.
der Azubi Also die Azubi (Auszubildende)	trainee	die DB (Deutsche Bahn)	German railway

16

die Doku (Dokumentation)	*documentary*	inkl. (inklusive)	*inc.*
Dr. (Doktor)	*Dr*	NRW (Nordrhein-Westfalen)	*North Rhine-Westphalia*
die EU (Europäische Union)	*EU*	die PLZ (Postleitzahl)	*post code*
der FCKW (Fluorchlor-kohlenwasserstoff)	*CFC*	usw. (und so weiter)	*etc., and so on*
gem. (gemischt)	*mixed*	z.B. (zum Beispiel)	*e.g., for example*
der ICE (Inter-City-Express)	*Intercity train*		

Higher only:

die MwSt. (Mehrwertsteuer)	*VAT*

Animals

fressen	*to eat (for animals)*	das Meerschweinchen	*guinea pig*
füttern	*to feed*	das Pferd	*horse*
der Goldfisch	*goldfish*	das Schaf	*sheep*
der Hamster	*hamster*	die Schildkröte	*tortoise*
das Haustier	*pet*	das Schwein	*pig*
der Hund	*dog*	das Tier	*animal*
das Kaninchen	*rabbit*	das Tierheim	*animal shelter*
die Katze	*cat*	die tropischen Fische *(pl, m)*	*tropical fish*
die Kuh	*cow*	der Vogel	*bird*
die Maus	*mouse*	der Wellensittich	*budgerigar*

Higher only:

die Gans	*goose*	der Papagei	*parrot*
der Kanarienvogel	*canary*	der Truthahn	*turkey*

Clothes

altmodisch	*old-fashioned*	der Badeanzug	*swimming costume*
angezogen	*dressed*	die Badehose	*swimsuit, trunks*
der Anzug	*suit*	die Bluse	*blouse*
das Armband	*bracelet*	die Boxershorts *(pl)*	*boxers*
die Armbanduhr	*wrist watch*		

der Büstenhalter	*bra*	das Paar	*pair*
Also der BH		der Pantoffel	*slipper*
das passt dir	*it suits you*	das Polohemd	*polo shirt*
gepunktet	*spotty*	der Pulli	*sweater, jumper*
gestreift	*striped*	*Also* der Pullover	
der Gürtel	*belt*	der Pyjama	*pyjamas*
die Halskette	*necklace*	der Regenmantel	*raincoat*
das Halstuch	*scarf*	der Regenschirm	*umbrella*
der Handschuh	*glove*	der Ring	*ring*
die Handtasche	*handbag*	der Rock	*skirt*
der Hausschuh	*slipper*	die Sandale	*sandal*
der Helm	*helmet*	der Schal	*scarf*
das Hemd	*shirt*	schick	*stylish, smart*
die Hose	*trousers*	der Schirm	*umbrella*
der Hut	*hat*	der Schlafanzug	*pyjamas*
die Jacke	*jacket*	der Schmuck	*jewellery*
die Jeans	*jeans*	der Schuh	*shoe*
Also die Jeanshose		die Shorts *(pl)*	*shorts*
jemandem passen	*to suit someone*	*Also* die kurze Hose	
der Jogginganzug	*tracksuit*	der Slip	*briefs*
das Juwel	*jewel*	die Socke	*sock*
das Kleid	*dress*	die Sonnenbrille	*sunglasses*
die Kleider *(pl)*	*clothes*	das Sporthemd	*sports shirt*
die Kleidung	*clothes*	die Sportsachen *(pl)*	*sports kit*
die Krawatte	*tie*	die Sportschuhe *(pl, m)*	*trainers*
Also der Schlips		der Stiefel	*boot*
die Leggings *(pl)*	*leggings*	der Stil	*style*
der Mantel	*coat*	die Strumpfhose	*tights*
die Mode	*fashion*	das Sweatshirt	*sweatshirt*
modisch	*fashionable*	tragen	*to wear, to carry*
die Mütze	*cap*	der Trainingsanzug	*tracksuit*
das Nachthemd	*night dress*	die Unterhose	*underpants*
der Ohrring	*earring*	die Unterwäsche	*underwear*

Higher only:

der Morgenmantel *Also* der Schlafrock	dressing gown	der Strohhut	straw hat
die Strickjacke *Also* die Wolljacke	cardigan		

Daily Routine

anfangen *Also* beginnen	to begin, to start	das Leben	life
		die Mahlzeit	mealtime
sich anziehen	to get dressed, to put on	die Mittagspause	lunch break
aufstehen	to get up, to stand up	organisieren	to organise
		das Parfüm	perfume
aufwachen	to wake up	sich rasieren	to shave
sich ausziehen	to get undressed, to undress	das Shampoo	shampoo
		schlafen	to sleep
bringen	to bring	sich schminken	to put on make-up
sich duschen	to shower		
einschlafen	to go to sleep	sich umziehen	to get changed
das Ende	end, finish	unordentlich	untidy
erschöpft	exhausted	sich waschen	to have a wash
frühstücken	to eat breakfast	wecken	to wake
die Haarbürste	hairbrush	der Wecker	alarm clock
sich hinsetzen	to sit down	die Zahnbürste	toothbrush
der Kalender	diary (for appointments)	die Zahnpasta	toothpaste
		sich die Zähne putzen	to brush one's teeth

Higher only:

der Rasierapparat   shaver

Describing People

älter	*older*	die Hautfarbe	*skin colour*
älteste	*oldest*	hübsch	*pretty*
attraktiv	*attractive*	der Kerl	*guy*
aussehen	*to look (appearance)*	der Knabe	*boy*
		kurz	*short*
der Bart	*beard*	lang	*long*
einen Bart haben	*to have a beard*	leise	*quiet*
beschreiben	*to describe*	lockig	*curly*
die Beschreibung	*description*	mittelgroß	*average height*
der Blick	*look, glance*	der Oberlippenbart	*moustache*
die Brille	*glasses*	das Piercing	*piercing*
dick	*fat, thick*	schlank	*slim, thin*
flott	*smart*	der Schnurrbart	*moustache*
gepflegt	*smart*	sein	*to be*
glatt	*smooth, straight e.g. hair*	tätowieren	*to tattoo*
		die Tätowierung	*tattoo*
eine Glatze haben	*to be bald*	der Typ	*type*
groß	*tall, big*	der Vegetarier	*vegetarian*
haben	*to have*		

Higher only:

ähneln *Also* gleichen	*to resemble*	der Pickel	*spot*
		der Senior	*senior citizen*
gefärbt	*dyed*	das Vorbild	*role model*
minderjährig	*underage*		

Eating Out

der Alkohol	alcohol	das Menü	menu
der Appetit	appetite	das Messer	knife
bedienen	to serve	der Nachtisch	dessert
die Bedienung	service	*Also* die Nachspeise	
das Besteck	cutlery	der Pfeffer	pepper
bestellen	to order	die Pizzeria	pizzeria
das Bier	beer	die Preisliste	price list
bitten um	to ask for	die Rechnung	bill
das Café	café	das Restaurant	restaurant
die Currywurst	sausage in curry sauce	das Salz	salt
		das Schnitzel	escalope, schnitzel
der Döner	kebab	die Serviette	napkin
die Gabel	fork	sonst noch etwas?	anything else?
gekocht	cooked	die Speisekarte	menu
der Geschmack	taste	die Spezialität	speciality
das Getränk	drink	das Stehcafé	eating area with tables but no seating
das Hauptgericht	main course		
die Imbissbude	snack stand	das Tagesgericht	dish of the day
Also der Imbissstand		das Tagesmenü	set menu
die Imbissstube	snack bar	der Teelöffel	teaspoon
inbegriffen	included	teilen	to share
die Kantine	canteen	der Teller	plate
das Kebab	kebab	das Trinkgeld	tip
das Kotelett	chop, cutlet	die Vorspeise	starter, first course
der Löffel	spoon	der Wein	wine
die Mahlzeit	meal	zahlen	to pay (the bill)
Also das Mahl			

Higher only:

der Aperitif	drink before a meal	der Zuschlag	supplement

22

Family

das Baby	baby	die Mutti	mum
babysitten	to babysit	der Nachbar	neighbour
der Bruder	brother	der Neffe	nephew
der Cousin	cousin	nennen	to name
Also die Cousine		die Nichte	niece
das Einzelkind	only child	die Oma	granny
Eltern *(pl)*	parents	der Onkel	uncle
der Enkel	grandson	der Opa	granddad
die Enkelin	granddaughter	der Papa	dad
das Enkelkind	grandchild	der Schwager	brother-in-law
sich erinnern	to remind, to remember	die Schwägerin	sister-in-law
		die Schwester	sister
die Familie	family	der Schwiegersohn	son-in-law
das Familienmitglied	family member	die Schwiegertochter	daughter-in-law
Geschwister *(pl)*	brothers and sisters	der Sohn	son
Großeltern *(pl)*	grandparents	die Stiefmutter	stepmother
die Großmutter	grandmother	der Stiefvater	stepfather
der Großvater	grandfather	die Tante	aunt
jünger	younger	die Tochter	daughter
das Kind	child	der Vater	father
sich kümmern um	to take care of	der Vati	dad
die Mama	mum	verheiratet	married
die Mutter	mother	Zwillinge *(pl, m)*	twins

Higher only:

adoptiert	adopted	die Erinnerung	memory
der Alleinerziehende	single parent	der Verwandte	relative
Also die Alleinerziehende		*Also* die Verwandte	
die eineiigen Zwillinge *(pl)*	identical twins	der Vetter	cousin (slightly archaic word)

Fruit and Veg

die Ananas	*pineapple*		das Obst	*fruit*
der Apfel	*apple*		die Orange	*orange*
die Aprikose	*apricot*		*Also* die Apfelsine	
die Banane	*banana*		die Paprika	*pepper*
die Birne	*pear*		*Also* der Paprika	
die Blumenkohl	*cauliflower*		der Pfirsich	*peach*
die Bohne	*bean*		die Pflaume	*plum*
Erbsen *(pl, f)*	*peas*		der Pilz	*mushroom*
die Erdbeere	*strawberry*		*Also* der Champignon	
das Gemüse	*vegetable*		reif	*mature, ripe*
die Grapefruit	*grapefruit*		der Rettich	*radish*
Also die Pampelmuse			der Rosenkohl	*sprouts*
die grünen Bohnen	*green beans*		der Rotkohl	*red cabbage*
(pl, f)			der Salat	*salad*
die Gurke	*cucumber*		die Salzkartoffel	*boiled potato*
die Himbeere	*raspberry*		die Schale	*skin (of fruit or veg)*
die Johannisbeere	*redcurrant*		der Spinat	*spinach*
die Karotte	*carrot*		die Tomate	*tomato*
Also die Mohrrübe			die Traube	*grape*
die Kartoffel	*potato*		*Also* die Weintraube	
die Kirsche	*cherry*		die Zitrone	*lemon*
der Kohl	*cabbage*		die Zwiebel	*onion*
die Melone	*melon*			

Higher only:

die Artischocke	*artichoke*		der Lauch	*leek*
der Knoblauch	*garlic*		*Also* der Porree	
			die Zucchini	*courgette*

Going Out

abholen	*to fetch, to pick up*	Ich höre zu	*I'm listening*
ankommen	*to arrive*	klingeln	*to ring*
der Anruf	*(telephone) call*	klopfen	*to knock*
der Anrufbeantworter	*answer phone*	miteinander	*with one another*
anrufen	*to ring, to call*	das Musikfest	*music festival*
der Apparat	*machine, telephone*	nachgehen	*to follow*
auflegen	*to hang up (phone)*	das Nachtleben	*nightlife*
		das Nachtlokal Also der Nachtklub	*nightclub*
ausverkauft	*sold out*	die Party	*party*
begegnen	*to meet, to come across*	reden	*to talk*
		die richtige Nummer	*correct number*
begleiten	*to accompany*	rufen	*to call (get someone's attention)*
die Disko	*club*		
die Diskothek	*disco*	Ruf mich an	*Call me (informal)*
eilen	*to hurry*		
einladen	*to invite*	sofort	*immediately*
die Einladung	*invitation*	die Stimmung	*mood*
der Eintritt	*entry*	der Telefonanruf	*phone call*
das Eintrittsgeld	*admission charge*	telefonieren	*to telephone*
die Eintrittskarte	*admission ticket*	treffen	*to meet*
die falsche Nummer	*wrong number*	vorschlagen	*to suggest, to propose*
das Feuerwerk	*fireworks*		
der Hörer	*receiver*	weggehen	*to go away, to leave, to go out*
Ich bin gleich wieder da	*I'll be right back*		

Higher only:

abstinent	*teetotal*	vereinbaren	*to agree, to arrange*

Leisure

der Abenteuerfilm	adventure film	die Freizeit	free time, leisure time
sich amüsieren	to enjoy oneself		
angeln Also fischen	to fish	der Freizeitpark	amusement park
		das Freizeitzentrum	leisure centre
ansehen Also anschauen	to look at, to watch	füllen	to fill
		geben	to give
der Aufenthaltsraum	games room	gratulieren	to congratulate
die Aufführung	performance	gucken	to look, to peep
aufnehmen	to take up (e.g. a new hobby)	das Hallenbad	swimming pool (indoor)
ausgehen	to go out	das Hobby	hobby
das Bergsteigen	mountaineering	das Interesse	interest
billig	cheap	Interesse haben an	to be interested in
das Bowling	ten-pin bowling		
bummeln	to stroll	der Jugendklub	youth club
der Comic Also das Comicheft	comic (book)	das Jugendzentrum	youth centre
		kegeln	to bowl, to go bowling
das Computerspiel	computer game	das Kino	cinema
die Dokumentation	documentary	der Klub Also der Club	club
die Eisbahn Also die Eishalle	ice rink		
das Fahrrad	bicycle	die Kneipe Also das Lokal Also das Wirtshaus	pub
der Fan	fan		
der Fantasyfilm	fantasy film	kommen	to come
die Feier	party	die Kunst	art
feiern	to celebrate	die Leinwand	screen
fernsehen	to watch TV	lesen	to read
das Foto	photo	der Liebesfilm	romantic film
fotografieren	to photograph	Lust haben	to feel like (doing something), to want to
frei	free (unoccupied)		
das Freibad	swimming pool (open air)	machen	to do, to make

malen	*to paint*	der Sitzplatz	*seat*
mit dem Hund spazieren gehen	*to walk the dog*	spazieren gehen	*to go for a walk*
das Mitglied	*member*	einen Spaziergang machen	*to go for a walk*
das Picknick	*picnic*	die Spielkonsole	*games console*
picknicken	*to picnic*	der Spielplatz	*playground*
das Programm	*programme (of events)*	das Spielzeug	*toy*
		stattfinden	*to take place*
das Rad	*bike*	stricken	*to knit*
Rad fahren	*to cycle*	der Tanz	*dance*
das Risiko	*risk*	tanzen	*to dance*
der Rollschuh	*roller skate*	das Theater	*theatre*
Rollschuh laufen Also Rollschuh fahren	*to go roller-skating*	die Theatergruppe	*drama group*
sammeln	*to collect, to gather*	üben	*to practise*
		die Übung	*exercise, practice*
die Sammlung	*collection*	die Unterhaltung	*entertainment*
das Schach	*chess*	Unterhaltungs-möglichkeiten *(pl, f)*	*things to do (entertainment)*
schaffen	*to create*	der Verein	*club, organisation*
schicken	*to send*	das Vergnügen	*pleasure*
Schlittschuh laufen Also Eis laufen	*to ice-skate*	wählen	*to choose*
das Segelboot	*sailing boat*	wandern	*to hike*
senden	*to send*	ziehen	*to pull*
die Show Also die Schau	*show*	zusammen	*together*

Higher only:

die Angelrute	*fishing rod*	die musikalische Komödie	*musical comedy*
das Brettspiel	*board game*	nähen	*to sew*
die Freizeitbeschäftigung Also die Freizeitaktivität	*leisure activity*	das Publikum	*audience*
		die Zuhörer *(pl)*	*audience, listeners*
sich die Haare schneiden lassen	*to have one's hair cut*		

Media

der Anfang	start
die Anzeige	advertisement
ARD *Also* ZDF	German television company
die Auskunft	information
die Ausstellung	exhibition
beenden	to end
bekannt	well known
die Bühne	stage
der Dokumentarfilm	documentary
echt	genuine, real
enden	to finish, to end
erzählen	to tell, to recount
die Erzählung	account, story
der Fernseher	television
der Fernsehkanal	TV channel
der Fernsehsender	TV broadcaster
der Film	film
der Horrorfilm	horror film
die Idee	idea
das Image	image
die Internetseite *Also* die Webseite	website
kontrollieren	to control
der Krimi	crime story, thriller
die Kunstgalerie	art gallery
lehrreich	informative
die Nachrichten (pl)	news
das Plakat	poster (advertising)
das Poster	poster, notice
die Presse	press
der Prominente *Also* die Prominente	celebrity
der Prospekt	leaflet
die Quizsendung	quiz show
der Roman	novel
der Sänger	singer
das Satellitenfernsehen	satellite TV
das Schauspiel	play, drama
der Science-Fiction-Film	sci-fi film
der Schluss	ending, conclusion
die Seifenoper	soap opera
die Seite	page, side
der Sender	broadcaster
die Sendung	programme
die Serie	series
der Spionageroman *Also* der Agentenroman	spy novel
der Star	celebrity
das Theaterstück	(stage) play
der Thriller	thriller
unterhalten	to entertain
die Vorstellung	performance
der Vorteil	advantage
die Werbung	advertising
der Western *Also* der Westernfilm	Western (film)
der Zeichentrickfilm	cartoon
die Zeitschrift	magazine

28

| die Zeitung | *newspaper* | die Zuschauer *(pl)* | *audience, viewers* |

Higher only:

der Fernsehdrama	*TV drama*	die Originalfassung	*original version*
Also der Fernsehspiel		synchronisiert	*dubbed*
die Fernsehkomödie	*sitcom*	der Untertitel	*subtitle*
kündigen	*to cancel*		

Music

die Blockflöte	*recorder*	das Orchester	*orchestra*
die CD	*CD*	die Popmusik	*pop music*
der Chor	*choir*	der Rap	*rap*
die Flöte	*flute*	die Rapmusik	*rap music*
die Gitarre	*guitar*	das Rockmusical	*rock musical*
die Gruppe	*group*	die Rockmusik	*rock music*
hören	*to listen to*	romantisch	*romantic*
das Keyboard	*keyboard*	das Saxofon	*saxophone*
die Klarinette	*clarinet*	das Schlagzeug	*percussion, drum*
klassisch	*classical, classic*	singen	*to sing*
das Klavier	*piano*	still	*silent*
das Konzert	*concert*	der Ton	*tone, note*
lautlos	*silent*	die Trompete	*trumpet*
das Lied	*song*	die Violine	*violin*
die Melodie	*melody*	die Volksmusik	*folk music*
die Musik	*music*	zuhören	*to listen*

Higher only:

der Dirigent *Also* die Dirigentin	*conductor*
die Geige	*violin*

die Querflöte   *flute*

Personal Information

die Adresse *Also* die Anschrift	*address*
alt	*old*
das Alter	*age*
arbeitslos	*unemployed*
die Arbeitslosigkeit	*unemployment*
arm	*poor*
ausfüllen	*to fill in (a form)*
berühmt	*famous*
besitzen	*to own*
der Buchstabe	*letter (of the alphabet)*
buchstabieren	*to spell*
die Dame	*lady*
ehemalig	*former, previous*
eigen	*own*
einzeln	*individual*
der Erwachsene *Also* die Erwachsene	*adult*
Frau	*Mrs, Miss*
die Frau	*woman, wife*
geboren	*born*
die Geburt	*birth*
das Geburtsdatum	*date of birth*
der Geburtsort	*place of birth*

der Geburtstag	*birthday*
gehören	*to belong to*
geschieden	*divorced*
das Geschlecht	*sex, gender*
heißen	*to be called*
Herr	*Mr*
der Jugendliche *Also* die Jugendliche	*young person*
jung	*young*
der Junge	*boy*
leben	*to live (be alive)*
Leute *(pl)*	*people*
das Mädchen	*girl*
der Mann	*man, husband*
mitteilen	*to inform*
der Nachname *Also* der Familienname	*surname*
der Name	*name*
der Ort	*place*
der Personalausweis *Also* der Ausweis	*identity card*
plaudern	*to chat*
reich	*rich*
der Reisepass	*passport*

der Rentner *Also* der Pensionär	*pensioner*	unterschreiben	*to sign*
		die Unterschrift	*signature*
selbst	*myself, yourself,* *itself, etc.*	der Vorname	*first name*
		die Vorwahl	*dialling code*
der Spitzname *Also* der Kosename	*nickname*	wachsen	*to grow*
die Telefonnummer	*telephone* *number*	weiblich	*female*
		wohnen	*to live (location)*
tot	*dead*	der Wohnort	*place of* *residence*

Higher only:

der Glaube	*faith*	der Tod	*death*
der Junggeselle	*bachelor*	volljährig	*of age, grown up*
die Staatsangehörigkeit	*nationality*		

Personalities

abenteuerlich	*adventurous*	ehrlich	*honest*
ängstlich	*anxious*	erfreut	*pleased*
sich ärgern	*to get angry*	fleißig	*hard-working*
artig	*well behaved*	flexibel	*flexible*
sich auszeichnen	*to distinguish* *oneself*	frech	*cheeky*
		geduldig	*patient*
brav	*well behaved*	gemein	*mean, nasty*
der Charakter	*character*	gesprächig *Also* schwatzhaft	*chatty*
charmant	*charming*		
doof	*daft*	gut gelaunt	*cheerful*
dynamisch	*dynamic*	hart	*severe, unkind*
egoistisch	*selfish*	hilfreich	*helpful (useful)*

hilfsbereit	*helpful (willing)*	selbstständig	*independent*
der Humor	*humour*	selbstsüchtig	*selfish*
humorlos	*humourless*	sensibel	*sensitive*
humorvoll	*humorous*	keinen Sinn für Humor haben	*to have no sense of humour*
intelligent	*intelligent*		
klug	*clever*	stolz	*proud*
die Laune	*mood*	streng	*strict*
launisch	*moody*	traurig	*sad*
lebhaft Also lebendig	*lively*	unartig	*naughty*
		unfreundlich	*unfriendly*
nervös	*nervous*	unsympathisch	*disagreeable, unpleasant*
rechthaberisch	*bossy*		
reizend	*charming*	vernünftig	*sensible*
schüchtern	*shy*	zornig	*angry, furious*

Higher only:

der Angeber Also die Angeberin	*show off*	schlau	*shrewd, cunning*
		selbstbewusst	*self confident*
angeberisch	*boastful*	selbstsicher	*confident*
arrogant	*arrogant*	einen Sinn für Humor haben	*to have a sense of humour*
ätzend	*annoying*		
die Charaktereigenschaft	*characteristic*	stur Also dickköpfig	*stubborn*
eifersüchtig	*jealous*	treu	*faithful*
eingebildet	*conceited*	verrückt	*mad*
empfindlich	*sensitive*	das Verständnis	*understanding*
entspannt	*relaxed*	verständnisvoll	*understanding*
großzügig	*generous*	verwöhnt	*spoilt*
herzlich	*warm, kind, sincere*	zärtlich	*tender*
		zuverlässig	*reliable*
neidisch	*jealous*		

Relationships

akzeptieren	to accept (to agree)
allein	alone
ärgern	to irritate
auskommen mit	to get on with
die Braut	bride
der Bräutigam	bridegroom
der Brieffreund Also die Brieffreundin	pen friend
dankbar	grateful
danken	to thank
die Ehefrau	wife
der Ehemann	husband
das Ehepaar	married couple
der Ehering	wedding ring
einsam	lonely
sich entschuldigen	to apologise
erklären	to explain
der feste Freund Also die feste Freundin	good friend
der Freund	friend, boyfriend
die Freundin	friend, girlfriend
freundlich	friendly
die Freundschaft	friendship
froh Also fröhlich Also glücklich	happy
das Gefühl	feeling
das Gespräch	conversation, discussion
getrennt	separated
heiraten	to marry

die Hochzeit	wedding (event)
höflich	polite
jemandem auf die Nerven gehen Also nerven	to get on someone's nerves
kennen lernen	to get to know, to meet
der Kontakt	contact
kritisieren	to criticise
der Kuss	kiss
küssen	to kiss
lächeln	to smile
lachen	to laugh
ledig	single, unmarried
lieb	kind, nice, sweet
die Liebe	love
lieben	to love
lügen	to lie
die Person	person
die Persönlichkeit	personality
Respekt haben vor	to respect
sich schämen	to be ashamed
sich scheiden lassen	to get divorced
schenken	to give (a present)
schreiben	to write
schreien	to shout, to scream
der Streit	argument, quarrel
sich streiten	to argue

die Trauung	wedding (ceremony)	versprechen	to promise
sich trennen	to separate	sich verstehen mit	to get on with (someone)
unerträglich	unbearable	verzeihen Also vergeben	to forgive
unterstützen	to support	die Verzeihung	forgiveness
unverheiratet	single	sich vorstellen	to introduce oneself
verlassen	to leave (place, person)	die Wahrheit	truth
verliebt	in love	warten auf	to wait for
sich verloben	to get engaged	weinen	to cry
verlobt	engaged	die zivile Partnerschaft	civil partnership
vermeiden	to avoid		
vermissen	to miss (someone)		

Higher only:

alleinstehend	single	die Hochzeitsfeier	wedding
der Alleinstehende Also die Alleinstehende	single	in Kontakt bleiben	to stay in contact
anziehen	to attract	der Verlobte	fiancé
der Bekannte Also die Bekannte	acquaintance	die Verlobte	fiancée
		die Verlobung	engagement
die Beziehung	relationship	die Verwandtschaft	relations
die Ehe	marriage	der Zorn	anger
die Ehrlichkeit	honesty	zurechtkommen mit	to get on with, to cope, to manage
die gleichgeschlechtliche Ehe	same-sex marriage	zweifeln	to doubt
die gleichgeschlechtliche Partnerschaft	same-sex partnership		

34

Shopping

das Angebot	offer
anprobieren	to try on
die Apotheke	pharmacy, chemist's
Also die Drogerie	
ausgeben	to spend
der Ausverkauf	sale
die Auswahl	choice, range
die Bäckerei	baker's
die Bankkarte	bank card
das Bargeld	cash
bezahlen	to pay (for)
die Bezahlung	payment
brauchen	to need
die Brieftasche	wallet
die Buchhandlung	bookshop
der Cent	cent
die Ecke	corner
die Einkäufe (pl)	shopping
einkaufen	to shop
der Einkaufskorb	shopping basket
die Einkaufstasche	shopping bag
der Einkaufswagen	shopping trolley
das Einkaufszentrum	shopping centre
die Eisdiele	ice cream parlour
die Ermäßigung	reduction
der Ersatz	replacement
das Ersatzteil	replacement part
ersetzen	to replace
das Fenster	window
das Fischgeschäft	fishmonger's
die Fleischerei	butcher's
Also die Metzgerei	
die Garantie	guarantee
das Geld	money
der Geldautomat	cashpoint
der Geldschein	banknote
das Geldstück	coin
der Gemüsehändler	greengrocer's
das Geschäft	shop, business
das Geschenk	present (gift)
das Juweliergeschäft	jeweller's
der Karton	cardboard (box)
die Kasse	till, cash desk
kaufen	to buy
das Kaufhaus	department store
Also das Warenhaus	
der Kiosk	kiosk
das Kleidungsgeschäft	clothes shop
das Kleingeld	change (small)
die Konditorei	cake and sweet shop
kosten	to cost
kostenlos	free
die Kreditkarte	credit card
der Kunde	customer
Also die Kundin	
der Kundendienst	customer service
der Laden	shop
Lebensmittel (pl, n)	food, groceries
das Lebensmittelgeschäft	grocer's
die Lieferung	delivery

der Lippenstift	lipstick	das Schreibwarengeschäft	stationer's
das Make-up Also die Schminke	make-up	das Schuhgeschäft	shoe shop
die Marke	brand, make	die Schuhgröße	shoe size
der Markt	market	die Selbstbedienung	self-service
die Münze Also das Geldstück	coin	das Sonderangebot	special offer
der Obst- und Gemüsehändler	greengrocer's	die Sparkasse	savings bank
		der Supermarkt	supermarket
die Parfümerie	perfume shop	die Tasche	pocket, bag
das Portemonnaie	purse, wallet	das Taschengeld	pocket money
der Preis	price	teuer	expensive, dear
die Quittung	receipt	die Tüte	bag, carton
der Rabatt	discount	der Umkleideraum Also die Umkleidekabine	changing room
die Reinigung	dry cleaner's		
die Reparatur	repair	umtauschen	to exchange (goods)
die Rückgabe	return (of an item)		
		verkaufen	to sell
die Schachtel	box (e.g. chocolates)	die Wartezeit	waiting time
		das Wechselgeld	change (money)
das Schaufenster	shop window	der Weihnachtsmarkt	Christmas market
der Schein	banknote		

Higher only:

das Delikatessengeschäft	delicatessen	das Modell Also das Mannequin	mannequin
der Flohmarkt	flea market	preiswert	good value
die Gebrauchsanweisung	instructions	versichern	to insure
das Mindesthaltbarkeitsdatum	best before date	die Versicherung	insurance
		zurückbringen	to take back
		zurückgeben	to give back

Sport

das Badminton	badminton	die Leichtathletik	athletics
der Ball	ball	die Leichtathletik-meisterschaft	athletics championship
der Basketball	basketball		
berühren	to touch	die Mannschaft	team
das Bodybuilding	body-building	das Mountainbike	mountain bike
das Bogenschießen	archery	die Olympischen Spiele (pl)	Olympic Games
das Boxen	boxing		
das Eislaufen	ice-skating	das Pferderennen	horse racing
das Ergebnis Also das Resultat	result, score	probieren	to try, to have a go
der Extremsport	extreme sport	der Punkt	point (e.g. in game)
das Fallschirmspringen	parachuting	Rad fahren Also radfahren	to cycle
fechten	to fence		
der Federball	badminton	das Reiten	horse riding
der Fußball	football	rennen	to race, to run
gewinnen	to win	das Rennen	race (e.g. running)
das Gleitschirm-fliegen	paragliding		
		ringen	to wrestle
die Gymnastik	gymnastics	rodeln	to go sledging
der Handball	handball	rudern	to row
das Hockey	hockey	das Rugby	rugby
holen	to pick up, to win (e.g. trophy)	der Schiedsrichter	referee
		schießen	to shoot
das Inlineskaten	rollerblading	das Schwimmbad Also das Schwimmbecken	swimming pool
das Judo	judo		
die Kampfsportarten (pl, f)	martial arts	schwimmen	to swim
		segeln	to sail
das Kanufahren	canoeing	das Skateboarden	skateboarding
das Karate	karate	Skateboard fahren	to skateboard
Klamotten (pl)	gear, stuff	Ski fahren Also Ski laufen	to ski
der Korbball	netball		

das Spiel	game, match	das Tennis	tennis
spielen	to play	der Tennisplatz	tennis court
der Spieler	player	das Tischtennis	table tennis
der Sport	sport	das Tor	goal
die Sportart	type of sport	ein Tor schießen	to score a goal
die Sportausrüstung	sports equipment	trainieren	to train
die Sporthalle	sports hall	Trainingsschuhe (pl, m)	trainers
sportlich	sporty	das Trampolinspringen	trampolining
Sport treiben	to do sport	der Volleyball	volleyball
das Sportzentrum	sports centre	das Wasserski	waterskiing
springen	to jump	Wasserski fahren	to water ski
das Squash	squash	Also Wasserski laufen	
das Stadion	stadium	die Weltmeisterschaft	world championships
surfen	to surf	der Wettbewerb	competition
tauchen	to dive	windsurfen	to windsurf

Higher only:

die Halbzeit	half-time	das Sporttauchen	scuba diving
Also die Halbzeitpause		das Turnier	tournament
die Liga	league		

Technology

abschalten	to switch off	die Batterie	battery
anmachen	to put on, to turn on	der Benutzer	user
		der Bildschirm	screen
der Anschluss	connection	der Bindestrich	hyphen
der Automat	machine		

38

das Blog *Also* der Blog	blog	im Internet surfen	to surf the internet
brennen	to burn (a CD)	das Internet *Also* das Web	internet
der Chatroom *Also* der Chatraum	chatroom	das Internet-Mobbing	cyberbullying
chatten	to chat (online)	kaputt	broken (not working)
der Computer	computer	das Kennwort	password
der Computervirus *Also* das Computervirus	virus	klicken	to click
die Daten *(pl)*	data	der Klingelton	ring tone
digital	digital	laden	to load
drucken	to print	langsam	slow
drücken	to press, to push	löschen	to erase, to delete
der Drucker	printer	mailen	to email
eingeben	to input	die Medien *(pl)*	media
einschalten	to switch on	der Missbrauch	misuse
elektrisch	electrical	missbrauchen	to misuse
die E-Mail	email	die MP3-Datei	mp3 file
die E-Mail-Adresse	email address	die Nachricht	message
entwickeln	to develop	das Netz	net
die Entwicklung	development	das Netzwerk	network
der Fernsehapparat	TV set	das Passwort	password
funktionieren	to function, to work	peinlich	embarrassing
der Gebrauch	use	das Postfach	mail box
das Gerät	implement, piece of equipment	der Projektor	projector
		rechnen	to calculate
das Handy	mobile phone	der Rechner	computer
heraufladen *Also* uploaden *Also* hochladen	to upload	der Schrägstrich	forward slash
		der Schutz	protection
herunterladen *Also* downloaden	to download	sichern *Also* absaven *Also* speichern	to save
		simsen	to text
		die SMS	text message

die Software	software	die Technologie	technology
das soziale Netzwerk	social network	telefonieren mit	to phone
die sozialen Medien (pl)	social media	tippen	to type
die Startseite Also die Homepage	homepage	ultraviolette Strahlen (pl)	ultraviolet light
der Strom	electricity	der Unterstrich	underscore
die Tastatur	keyboard (computer)	die Webcam Also die Netzkamera	webcam
die Taste	key	die Website	website
		das WLAN	wifi

Higher only:

die Affenklammer	at (@)	die Flimmerkiste	telly
die Anwendungen (pl, f)	applications	die Köpfhörer (pl)	headphones
ausschalten	to switch off	leistungsstark	powerful
das Betriebssystem	operating system	die Ohrhörer (pl)	earphones
der Camcorder	video camera	die Patrone	cartridge
die Datei	(data) file	der Schalter	switch
die Datenbank	database	die Speicherkarte	memory card
die Einstellungen	settings	die Textverarbeitung	word-processing
die Fernbedienung	remote control	der Touchscreen	touchscreen
die Festplatte	hard drive	der Videorecorder	video recorder
der Flachbildschirm	flat screen	die Webmail	webmail

Things to Drink

der Apfelmost	cider	durstig	thirsty
der Champagner	champagne	Erfrischungen (pl, f)	refreshments
der Durst	thirst	der Fruchtsaft	fruit juice

die heiße Schokolade	*hot chocolate*	der Saft	*juice*
der Kaffee	*coffee*	der Sekt	*sparkling wine*
der Kakao	*cocoa*	der Sprudel	*fizzy drink*
die Kanne	*pot (of tea, etc.)*	die Tasse	*cup*
die Limonade	*lemonade*	der Tee	*tea*
die Milch	*milk*	trinken	*to drink*
das Mineralwasser	*mineral water*	das Trinkwasser	*drinking water*
der Obstsaft	*fruit juice*	das Wasser	*water*

Higher only:

der Früchtetee	*fruit tea*	die Magermilch	*skimmed milk*
die Halbfettmilch	*semi-skimmed*	*Also* die entrahmte Milch	
Also die teilentrahmte Milch	*milk*	die Vollmilch	*full-fat milk*
Also die fettarme Milch		vom Fass	*on tap*
der Kräutertee	*herbal tea*		

Things to Eat

das Abendessen	*dinner*	die Bratensoße	*gravy*
Also das Abendbrot		die Bratwurst	*grilled sausage*
aufmachen	*to open, to undo*	das Brot	*bread, loaf*
der Aufschnitt	*sliced meats, cheeses*	das Brötchen	*bread roll*
		die Butter	*butter*
backen	*to bake*	das Butterbrot	*sandwich*
die Bockwurst	*boiled sausage*		
der Bonbon	*sweet*	Chips *(pl)*	*crisps*
Also das Bonbon	*(confectionery)*	das Ei	*egg*
Also die Süßigkeit		das Eis	*ice, ice cream*
braten	*to roast*	ekelhaft	*disgusting*
der Braten	*roast, joint (meat)*	die Ente	*duck*

essen	to eat	das Mittagessen	lunch
der Essig	vinegar	die Nahrung	food
das Fertiggericht	ready meal	Nudeln (pl)	pasta, noodles
das Fett	fat, grease	die Nuss	nut
der Fisch	fish	die Obsttorte	fruit pie
das Fleisch	meat	das Öl	oil
die Frikadelle Also das Fleischbällchen	meatball	das Omelett	omelette
		die Pizza	pizza
frisch	fresh	Pommes (pl) Also Pommes-Frites (pl)	chips
das Frühstück	breakfast		
das Gebäck	pastry	die Portion	helping, portion
das Hackfleisch	mince	die Praline	praline, chocolate
Haferflocken (pl)	porridge oats	die Pute	turkey
das Hähnchen	chicken	der Rahm	cream
der Hamburger	hamburger	der Reis	rice
der Honig	honey	riechen	to smell (something)
der Hunger	hunger		
der Imbiss	snack	das Rindfleisch	beef
der Joghurt	yoghurt	roh	raw
die Kartoffelchips (pl)	crisps	die Sahne	cream
der Käse	cheese	die Salatsoße	salad dressing
der Keks	biscuit	salzig Also gesalzen	salty
der Ketchup Also das Ketchup	ketchup	das Sandwich Also das belegte Brot	sandwich
der Krapfen	doughnut	satt	full
der Kuchen	cake	das Sauerkraut	pickled cabbage
das Lammfleisch	lamb	scharf	sharp, strong, hot, spicy
die Leber	liver		
die Leberwurst	liver sausage	der Schaschlik Also das Schaschlik	kebab
lecker Also schmackhaft	tasty	der Schinken	ham
die Margarine	margarine	die Schokolade	chocolate
die Marmelade	jam	das Schweinefleisch	pork

der Senf	*mustard*	der Thunfisch	*tuna*
die Soße	*gravy, sauce*	den Tisch decken	*to lay the table*
die Spaghetti	*spaghetti*	der Topf	*saucepan*
der Speck	*bacon*	die Torte	*tart, flan*
das Steak	*steak*	die Vanille	*vanilla*
die Suppe	*soup*	das Wiener Schnitzel	*veal escalope*
süß	*sweet*	die Wurst	*sausage*
die Teigwaren *(pl)*	*pasta*	der Zucker	*sugar*

Higher only:

appetitlich	*delicious*	hausgemacht	*homemade*
bitter	*bitter*	das Kalbfleisch	*veal*
blutig	*rare (steak)*	der Lachs	*salmon*
die Forelle	*trout*	Meeresfrüchte *(pl)*	*seafood*
gedämpft	*steamed*	das Mehl	*flour*
Also gedünstet		pikant	*spicy*
das gekochte Ei	*boiled egg*	die Pistazie	*pistachio*
geräuchert	*smoked*	das Rührei	*scrambled eggs*
das Gewürz	*spice*	das Spiegelei	*fried egg*
halb durch	*medium (steak)*	würzig	*spicy*
das hart gekochte Ei	*hard-boiled egg*		

Accommodation

der Ausgang	way out, exit
die Aussicht	view
das Badezimmer	bathroom
der Balkon	balcony
das Doppelbett	double bed
das Doppelzimmer	double room
die Dusche	shower
der Eingang	way in, entrance
das Einzelbett	single bed
das Einzelzimmer	single room
der Empfang Also die Rezeption	reception
der Empfangschef Also die Empfangsdame	receptionist
empfehlen	to recommend
die Gastfreundschaft	hospitality
der Gastgeber	host

das Gasthaus Also der Gasthof	inn, guest house
Guten Aufenthalt	enjoy your stay
die Halbpension	half board
das Hotel	hotel
das Hotelverzeichnis	hotel register
die Jugendherberge	youth hostel
die Miete	rent
die Notausgang	emergency exit
die Pension	boarding house
reservieren	to reserve
die Reservierung	reservation
der Schlafsack	sleeping bag
die Seife	soap
die Unterkunft	accommodation
die Vollpension	full board
das Zelt	tent
das Zweibettzimmer	twin room

Higher only:

bestätigen	to confirm

Buildings

besetzt	occupied, engaged
das Dach	roof

der Dachboden	attic, loft
die Decke	ceiling

44

der Dom *Also* die Kathedrale	cathedral	die Polizeiwache	police station
		privat	private
das Doppelhaus	semi-detached house	das Rathaus	town hall
das Einfamilienhaus	detached house	das Reihenhaus	terraced house
eingehen	to enter	die Rolltreppe	escalator
eintreten	to enter, to go in	schließen	to close, to shut
das Erdgeschoss	ground floor	das Schloss	castle
der Fahrstuhl *Also* der Aufzug	lift	der Schlüssel	key
		der Stock *Also* die Etage	storey, floor
der Flur	hall, corridor		
der Fußboden	floor	die Toilette *Also* das WC	toilet
der Gang *Also* der Korridor	corridor	die Treppe	stairs
das Gebäude	building	das Treppenhaus	stairwell
geschlossen	closed, shut	die Tür	door
die Halle	hall (large room)	der Turm	tower
die Heizung	heating	das Untergeschoss	basement
historisch	historic	die Wand	wall (inside)
die Kapelle	chapel	der Wartesaal	waiting room
der Keller	cellar	der Wohnblock	block of flats
die Kirche	church	die Wohnung	flat, apartment
der Kirchturm	church tower	die Zentralheizung	central heating
die Mauer	wall (outside)	das Zimmer *Also* der Raum	room
das Museum	museum		

Higher only:

das Altersheim	old people's home	das Seniorenheim	old people's home
die Garderobe	cloakroom	das Stockwerk	storey
geräumig	spacious	der Wintergarten	conservatory
die Klimaanlage	air-conditioning	der Wolkenkratzer	skyscraper
das Mehrfamilienhaus	house for several families		

City, Town and Village

der Abfalleimer	litter bin	industriell	industrial
die Atmosphäre	atmosphere	die Innenstadt	town centre
die Bank	bank	das Kleidergeschäft	clothes shop
das Bauernhaus	farmhouse	die Landschaft	countryside, scenery
der Bauernhof	farm		
sich befinden	to be located	laut	noisy, loud
die Bibliothek	library (large, official)	der Marktplatz	market place
		nächst	following, next
der Briefkasten	letter box	der Obst- und Gemüseladen	greengrocer's
die Brücke	bridge		
die Bücherei	library (small)	Öffnungszeiten (pl)	opening times
der Bürgersteig Also der Gehsteig	pavement	örtlich	local
		das Päckchen	package, parcel
das Büro	office	der Palast	palace
die Bushaltestelle	bus stop	der Park	park
das Dorf	village	parken	to park
die Einbahnstraße	one way street	die Polizei	police
der Einwohner	inhabitant	die Post Also das Postamt	post office
das Elektrogeschäft	shop selling electrical goods	ruhig	calm, peaceful
die Feuerwehr	fire brigade	das Schild	sign, notice
friedlich	peaceful	der Schnellimbiss	fast food restaurant, snack bar
das Fundbüro	lost property office		
der Fußgänger-übergang	pedestrian crossing	die Sitzbank	bench
die Fußgängerzone	pedestrian area	die Stadt	town
die Gegend	district, area, region	die Stadtmitte	town centre
		der Stadtrand	outskirts (of town, city)
die Großstadt	city	der Stadtteil	district
das Hochhaus	tower block	das Stadtviertel	part of a town
die Industrie	industry	das Stadtzentrum	town centre

der Stau	hold-up, traffic jam	verboten	forbidden
		vermieten	to rent (out)
die Straße	street, road	der Vorort	suburb
die Straßenkarte	street map	der Waschsalon	launderette
das Taxi	taxi	der Zebrastreifen	zebra crossing
die U-Bahnstation	underground station	der Zeitungskiosk	newspaper stand
überqueren	to cross (road)	das Zentrum	centre

Higher only:

der Brunnen	fountain	die Sackgasse	cul-de-sac

Environment

der Abfall	rubbish	die Energie	energy
Abgase *(pl, n)* Also Auspuffgase *(pl, n)*	exhaust fumes	entsorgen	to dispose of
		der Fahrradweg	cycle path
die alternative Energiequelle	alternative energy source	das Gas	gas
		global	global
aussterben	to die out	die Heimat	home, homeland
bauen	to build	die Kohle	coal
benutzen	to use	das Kraftwerk	power station
Bio-	organic	der Lärm	noise, din
biologisch	organic	das Licht	light
der Biomüll	organic waste	die Luft	air
bleifrei	unleaded	die Luftverschmutzung	air pollution
der Brennstoff	fuel	der Müll	rubbish, waste
chemisch	chemical	die Naturschätze *(pl)*	natural resources
dreckig	dirty		

öffentliche Verkehrsmittel *(pl, n)*	public transport
der Öltanker	oil tanker
der Orkan	hurricane
das Ozonloch	hole in the ozone layer
die Ozonschicht	ozone layer
das Pfand	deposit (e.g. for a recyclable bottle)
der Planet	planet
das Problem	problem
produzieren	to produce
der Sauerstoff	oxygen
der saure Regen	acid rain
der Schaden	damage
schädlich	harmful
schmutzig	filthy, dirty
schützen	to protect
die Solarzelle	solar cell
die Sonnenenergie	solar energy
der Treibhauseffekt	greenhouse effect
überbevölkert	overpopulated
die Überschwemmung	flood
umgeben von	surrounded by
die Umgebung	surroundings
die Umwelt	environment
umweltfeindlich	damaging to the environment

umweltfreundlich	environmentally friendly
umweltschädlich	bad for the environment
der Umweltschutz	environmental protection
die Umweltverschmutzung	pollution of the environment
unvorstellbar	unimaginable
verbessern	to improve
der Verbrauch	consumption
der Verkehr	traffic
die Verpackung	packaging
verschmutzen *Also* verpesten	to pollute
die Verschmutzung	pollution
verschwinden	to disappear
vertreiben	to drive out
die Warnung	warning
die Wasserkraft	hydroelectric power
die Wasserverschmutzung	water pollution
wegwerfen	to throw away
weltweit	worldwide
werfen	to throw
wiederverwerten *Also* recyceln	to recycle
zerstören	to destroy

Higher only:

die Abholzung	deforestation
die Bio-Lebensmittel *(pl)*	organic food
drohen	to threaten
das Düngemittel	fertiliser

die Einwegflasche	*non-recyclable bottle*	schattig	*shady*
das Gebiet	*region, area*	die Solarenergie	*solar energy*
das Geräusch	*noise, sound*	das Treibhausgas	*greenhouse gas*
die globale Erwärmung	*global warming*	überleben	*to survive*
die Grünanlage	*green space*	verdorben	*spoilt*
kompostieren	*to compost*	vergiften	*to contaminate*
die Müllentsorgung	*rubbish disposal, waste disposal*	verschwenden	*to waste*
		die Wiederverwertung	*recycling*
profitieren	*to benefit*	zunehmen	*to grow, get bigger, increase*

Furniture

das Bett	*bed*	der Schrank	*cupboard*
das Bücherregal	*book case*	der Schreibtisch	*writing table*
die Kommode	*chest of drawers*	die Schublade	*drawer*
der Lehnstuhl *Also* der Sessel	*armchair*	der Spiegel	*mirror*
		der Stuhl	*chair*
Möbel *(pl)*	*furniture*	das Telefon	*telephone*
das Möbelstück	*piece of furniture*	der Tisch	*table*
möbliert	*furnished*	der Vorhang	*curtain*
der Nachttisch	*bedside table*		

Health

abhängig	dependent, addicted	fettleibig	obese
abnehmen	to lose weight	das Fieber	fever, temperature
die Ader *Also* die Vene	vein	das Fitnesszentrum	gym
aktiv	active (physically)	fühlen	to feel
		führen	to lead
der Alkoholiker	alcoholic (person)	gefährlich	dangerous
		gesund	healthy
der Alkoholismus	alcoholism	die Gesundheit	health
die Allergie	allergy	die Grippe	flu
das Altenheim	nursing home	Halsschmerzen *(pl)*	sore throat
atmen	to breathe	helfen	to help
bekommen	to receive, to get	der Husten	cough
betrunken	drunk	in Form sein	to be in good shape
sich bewegen	to move	joggen	to jog
die Bewegung	movement	köstlich	delicious
bewusstlos	unconscious	krank	ill
das Bewusstsein	consciousness	das Krankenhaus	hospital
brechen	to break	der Krankenwagen	ambulance
deprimiert	depressed	die Krankheit	illness
der Doktor	doctor	der Krebs	cancer
die Droge	drug	kühl	cool
sich entspannen	to relax	leer	empty
sich erkälten	to catch a cold	das Medikament	medicine
die Erkältung	cold	mir ist übel	I'm not well
ermüdend	tiring	müde	tired
die Ernährung	diet, nourishment	nachsehen	to check, to have a look
die Erste Hilfe	first aid	nehmen	to take
fallen	to fall	Not-	emergency
faul	lazy		
fettig	fatty		

50

rauchen	to smoke	süchtig	addicted
das Rezept	prescription, recipe	die Turnhalle	gymnasium
		der Unfall	accident
schaden	to harm	ungesund	unhealthy
der Schlaf	sleep	unternehmungslustig	active (likes being busy)
schmecken	to taste		
der Schmerz	pain	vegetarisch	vegetarian
Schmerzen haben	to be in pain	verletzen	to injure
sorgen für	to take care of	sich verletzen	to injure oneself
sparen	to save	die Verletzung	injury
die Spritze	injection	warnen	to warn
sterben	to die	weh tun	to hurt
stoppen	to stop	die Zigarette	cigarette
die Sucht	addiction	zunehmen	to put on weight

Higher only:

der Atem	breath	leiden	to suffer
die Atembeschwerden (pl)	breathing difficulties	magersüchtig	anorexic
		ein Mittel gegen...	something for...
ausgeglichen Also ausgewogen	balanced	pflegen	to look after (patient)
die Diät	diet	der Raucherhusten	smoker's cough
der Drogensüchtige	drug addict	schlaflos	sleepless
einatmen	to breathe in	die Süßigkeiten (pl)	sweets
einnehmen	to ingest	sich trimmen	to get fit
die Entziehungskur	rehab	übergewichtig	overweight
sich erbrechen	to vomit		
fettarm	low-fat		

Holidays and Festivals

der Adventskranz	advent wreath
die Aktivität	activity
das Andenken	souvenir
anzünden	to light
der Aschermittwoch	Ash Wednesday
der Ausflug	excursion, trip
auspacken	to unpack
die Autofähre	car ferry
die Autovermietung	car rental firm
baden	to bathe
die Briefmarke	postage stamp
die Broschüre	brochure
der Campingplatz Also der Zeltplatz	campsite
das Dreikönigsfest	Twelfth Night
einpacken	to pack
die Fastenzeit	Lent
der Feiertag Also der Festtag	public holiday
Ferien (pl)	holiday (time off work, school)
das Fest	festival, party
der Fotoapparat Also die Kamera	camera
die Fremdsprache	foreign language
der Gast	guest
geplant	planned
der Heiligabend	Christmas Eve
Heilige Drei Könige	Twelfth Night
Heiliger Abend	Christmas Eve
im Freien	in the open air
inklusiv	inclusive
der Karfreitag	Good Friday
der Karneval	carnival
die Kerze	candle
kirchlich	religious
die Küste	coast
der Lebkuchen	type of gingerbread
der Luxus	luxury
der Maifeiertag	May Day
das Meer	sea
mitnehmen	to take (with you)
der Muttertag	Mother's Day
das Neujahr	New Year's Day
der Neujahrstag	New Year's Day
das Osterei	Easter egg
die Osterhase	Easter bunny
der Ostermontag	Easter Monday
Ostern	Easter
packen	to pack
die Pauschalreise	package holiday
das Pfingsten	Whitsuntide
die Postkarte Also die Ansichtskarte	postcard
die Ruhe	rest, quiet
der Ruhetag	day off, day something is closed
Sankt Nikolaus Tag	Saint Nicholas' Day
schmücken	to decorate
Silvester	New Year's Eve

der Skiurlaub	*skiing holiday*	sich verkleiden	*to dress up*
sich sonnen	*to sunbathe*	verstecken	*to hide*
der Sonnenbrand	*sunburn*	die Wanderung	*hike*
die Sonnencreme	*sun cream, lotion*	wechseln	*to change, to exchange*
der Sonnenschirm	*sun shade*	Weihnachten	*Christmas*
das Souvenir	*souvenir*	der Weihnachtsbaum	*Christmas tree*
der Spaziergang	*walk*	das Weihnachtslied	*Christmas carol*
der Strand	*beach*	der erste Weihnachtstag	*Christmas Day*
der Tag der Deutschen Einheit	*Day of German Unity*	der zweite Weihnachtstag	*Boxing Day*
übernachten	*to stay the night*	zelten	*to camp*
der Urlaub	*holiday (trip)*		
der Valentinstag	*Valentine's day*		

Higher only:

die Anmeldung	*booking (e.g. in a hotel)*	der Strandkorb	*wicker beach chair*
der Aprilscherz	*April Fool's joke*	der Tag der Arbeit	*May Day*
die Aussprache	*pronunciation*	wegen Betriebsferien geschlossen	*closed because of holiday*
aussprechen	*to pronounce*	der Winterurlaub	*winter holiday*
der Badeort	*seaside resort*		

In the Home

abwaschen	*to wash up*	das Bad	*bath*
alle sein	*to be empty, to run out*	das Badetuch	*bath towel*
das Arbeitszimmer	*study*	die Badewanne	*bath tub*
aufräumen	*to tidy up, to clear away*	behalten	*to keep*
		bequem	*comfortable*
ausmachen	*to turn off*	das Betttuch	*sheet*

die Bettwäsche	bed linen
das Bild	picture
bügeln	to iron
die Diele	hall (entrance to house)
draußen	outside
einstellen	to put away
der Elektroherd	electric cooker
empfangen	to receive (guests)
das Esszimmer	dining room
das Etagenbett	bunk bed
fallen lassen	to drop
das Fernsehgerät *Also* der Fernseher	television set
das Feuer	fire (in a grate)
die Garage	garage
die Gardine	(net) curtain
der Gasherd	gas cooker
gebrochen	broken
gemütlich	cosy
das Geschirr	dishes, crockery
das Geschirr abspülen	to wash the dishes
das Haus	home, house
die Hausarbeit	housework
der Haushalt	household
das Heim	home
heizen	to heat
der Heizkörper	radiator
der Herd	cooker, stove
das Kännchen	(small) pot, jar
kleben	to stick
der Klebstoff	glue
der Kleiderschrank	wardrobe
kochen	to cook
das Kochfeld	hob
das Kopfkissen	pillow
die Küche	kitchen
der Kühlschrank	fridge
die Lampe	lamp
leeren	to empty
legen	to put, to lay
mähen	to mow
die Mikrowelle	microwave
die Mülltonne	dustbin
oben	upstairs
der Ofen *Also* der Backofen	oven
ordentlich	tidy
putzen *Also* reinigen	to clean
das Regal	(set of) shelves
reparieren	to repair
sauber	clean
sauber machen	to clean
das Schlafzimmer	bedroom
die Schüssel	bowl
das Sofa	sofa
die Spülmaschine	dishwasher
der Staubsauger	vacuum cleaner
stellen *Also* stecken	to put, to place
der Teppich	carpet
der Tiefkühlschrank	freezer
die Tischdecke	tablecloth
das Tischtuch	tablecloth
das Toilettenpapier	toilet paper

54

umziehen	to move house	zeigen	to show
unten	downstairs	zerbrochen	broken into pieces
das Waschbecken	washbasin		
die Waschmaschine	washing machine	zu Hause	at home
wertvoll	valuable	das Zuhause	home
das Wohnzimmer	living room	zumachen	to fasten, to close

Higher only:

der Abstellraum	storeroom	die Tiefkühltruhe	chest freezer
das Bügeleisen	iron (for clothes)	der Umzug	move, removal
die Essecke	eating area	unterbringen	to put up, to accommodate
das Heimwerken	DIY		
Selbstbau...	DIY...	die Untertasse	saucer
das Tablett	tray		

Location and Distance

da	there	in der Nähe	nearby
Also dort		der Kilometer	kilometre
dahin	there (with motion)	das Land	country
Also dorthin			
dort drüben	over there	liegen	to be situated
Also da drüben		links	(on the) left
durch	through	die Meile	mile
entfernt	away, distant	nach Hause	home
geradeaus	straight ahead	nach oben	up
herein	in here (with motion)	nach unten	down
		nirgendwo	nowhere
herum	around, round	der Norden	north
hier	here	der Osten	east
hinten	at the back	rechts	(on the) right
hin und her	to and fro	die Richtung	direction

der Süden	*south*	vorne	*at the front*
überall	*everywhere*	weit	*far (away) from, distant*
sich umdrehen	*to turn around*		
ungefähr	*approximately*	der Westen	*west*

Higher only:

anderswo	*elsewhere*	überschreiten	*to cross, to exceed*
die Entfernung	*distance*		

Nature

anbauen	*to grow (crops)*	malerisch	*picturesque*
der Baum	*tree*	der Mond	*moon*
der Berg	*mountain*	die Natur	*nature*
das Blatt	*leaf*	organisch	*organic*
die Blume	*flower*	der Ozean	*ocean*
der Brand	*fire (destructive)*	die Pflanze	*plant*
die Erde	*earth*	der Rasen	*lawn*
das Feld	*field*	der Regenwald	*rainforest*
die Flamme	*flame*	der Schatten	*shade*
der Fluss	*river*	der See	*lake*
der Garten	*garden*	die See	*sea*
das Gras	*grass*	steil	*steep*
die Hecke	*hedge*	das Tal	*valley*
der Hügel	*hill*	der Tiergarten	*zoo*
hügelig	*hilly*	*Also* der Zoo	
die Insel	*island*	der Wald	*forest*
klettern	*to climb (e.g. mountain)*	die Welle	*wave*
		die Wiese	*meadow*

Higher only:

der Bach	*stream*	der Gipfel	*summit*
das Erdbeben	*earthquake*	das Salzwasser	*salt water*
die Flut	*flood*	Süßwasser...	*freshwater*
fluten	*to flood*	der Vulkan	*volcano*
das Gebirge	*mountain range*		

☹ ☐   😐 ☐   😊 ☐

Places

Afrika	*Africa*	das Deutsch	*German (language)*
die Alpen	*Alps*	der Deutsche *Also* die Deutsche	*German (person)*
Amerika	*America*	Deutschland	*Germany*
der Amerikaner *Also* die Amerikanerin	*American (person)*	die Donau	*Danube*
amerikanisch	*American*	England	*England*
der Ärmelkanal	*English Channel*	der Engländer	*Englishman*
Asien	*Asia*	die Engländerin	*Englishwoman*
der Atlantik	*Atlantic*	das Englisch	*English (language)*
Australien	*Australia*		
das Bayern	*Bavaria*	Europa	*Europe*
Belgien	*Belgium*	der Europäer *Also* die Europäerin	*European (person)*
der Belgier *Also* die Belgierin	*Belgian (person)*	europäisch	*European*
belgisch	*Belgian*	der Eurotunnel	*Channel Tunnel*
der Bodensee	*Lake Constance*	Frankreich	*France*
der Brite *Also* die Britin	*Briton*	der Franzose	*Frenchman*
britisch	*British*	die Französin	*Frenchwoman*
der Däne *Also* die Dänin	*Dane*	der Grieche *Also* die Griechin	*Greek (person)*
Dänemark	*Denmark*	Griechenland	*Greece*
dänisch	*Danish*	griechisch	*Greek*

Großbritannien	Great Britain	Österreich	Austria
die Hauptstadt	capital city	der Österreicher	Austrian (person)
Holland	Holland	Also die Österreicherin	
der Holländer	Dutchman	österreichisch	Austrian
die Holländerin	Dutchwoman	östlich	eastern
holländisch	Dutch	die Ostsee	Baltic Sea
der Inder	Indian (person)	Pakistan	Pakistan
Also die Inderin		der Pakistaner	Pakistani
Indien	India	Also die Pakistanerin	(person)
indisch	Indian	pakistanisch	Pakistani
international	international	Polen	Poland
der Ire	Irishman	der Rhein	Rhein
die Irin	Irishwoman	der Russe	Russian (person)
irisch	Irish	Also die Russin	
Irland	Ireland	russisch	Russian
Italien	Italy	Russland	Russia
der Italiener	Italian (person)	der Schotte	Scot, Scottish
Also die Italienerin		Also die Schottin	person
italienisch	Italian	schottisch	Scottish
der Kanal	canal, channel	Schottland	Scotland
Köln	Cologne	der Schwarzwald	Black Forest
das Mittelmeer	Mediterranean Sea	die Schweiz	Switzerland
die Mosel	Moselle	der Schweizer	Swiss (person)
München	Munich	Also die Schweizerin	
die Niederlande (pl)	Netherlands	schweizerisch	Swiss
der Niederländer	Netherlander, Dutchman	Spanien	Spain
		der Spanier	Spaniard
die Niederländerin	Netherlander, Dutchwoman	Also die Spanierin	
		spanisch	Spanish
Nordamerika	North America	Südamerika	South America
nördlich	northern	südlich	southern
Nordrhein-Westfalen	North-Rhine Westphalia	die Themse	Thames
		der Türke	Turkish (person)
die Nordsee	North Sea	Also die Türkin	
		die Türkei	Turkey

Section 3 — Local, National, International & Global Areas of Interest

türkisch	Turkish	der Waliser	Welshman
die USA	USA	die Waliserin	Welshwoman
das Vereinigte Königreich	United Kingdom	walisisch	Welsh
die Vereinigten Staaten von Amerika *(pl)*	United States of America	die Welt	world
		westlich	western
Wales	Wales	Wien	Vienna

Higher only:

Genf   Geneva

Social Issues

die Aktion	campaign	fliehen	to escape
anonym	anonymous	der Flüchtling	refugee
die Armut	poverty	freiwillig	voluntary
bedrohen	to threaten	der Freiwillige	volunteer
der Bettler	beggar	*Also* die Freiwillige	
die Bevölkerung	population	die Gefahr	danger
der Brauch	need	gerecht	fair, just
der Dieb	thief	die Gesellschaft	society
der Diebstahl	theft	die Gewalt	power, violence
die Diskriminierung	discrimination	gewalttätig	violent
diskutieren	to debate, to discuss	der Gott	God
		heftig	violent
der Drogenhändler	drug dealer	hilflos	helpless
die Dürre	drought	die Hungersnot	famine
der Einwanderer	immigrant	illegal	illegal
die Einwanderung	immigration	jeder	everybody
erfrieren	to freeze	die Jugend	youth
erlauben	to allow, to permit	die Katastrophe	disaster
der faire Handel	fair trade	katholisch	catholic

keinen festen Wohnsitz haben	to have no fixed abode
der Krieg	war
legal	legal
der Mangel an	lack of
menschlich	human
die Messe	mass (church service)
die Mittel	means, method
multikulturell Also multikulti	multicultural
die Not	need
der Nutzen	benefit, profit
obdachlos Also heimatlos	homeless
öffentlich	public
das Opfer	victim
die Rasse	race (people)
der Rassismus	racism
rassistisch	racist
der Rat	advice
retten	to rescue
das Rote Kreuz	Red Cross
schlagen	to hit
die Sicherheit	security, safety
sorgen um	to worry about
die Sozialhilfe	income support
die Sozialwohnung	council flat
spenden	to donate
die Spraydose	aerosol can
der Staat	state
staatlich	state-owned
stark	strong, powerful
stehlen	to steal
die Suppenküche	soup kitchen
typisch	typical
die Umfrage	survey, opinion
das Unglück	disaster
unmöglich	impossible
die Unterstützung	support
der Vandalismus	vandalism
verantwortlich	responsible
das Verbrechen Also die Kriminalität	crime
der Verbrecher	criminal
wichtig	important
die Wohltätigkeit	charity
das Wohltätigkeitskonzert	charity concert
die Wohltätigkeitsveranstaltung	charity event
der Wohltätigkeitsverein	charity (organisation)

Higher only:

die Bande	gang
bedürftig	needy
der Bedürftige	someone in need
begehen	to commit
benachteiligen	to disadvantage
die Besprechung	discussion
das Dritte Alter	old age
die Drogenberatungsstelle	drug advice centre
ehrenamtlich	voluntary

Section 3 — Local, National, International & Global Areas of Interest

die Eingliederung	*integration*	das Obdachlosenheim	*hostel for homeless people*
die freiwillige Arbeit	*voluntary work*	pleite	*broke, bankrupt*
das frische Wasser	*fresh water*	das Rassenvorurteil	*racial prejudice*
das Gesetz	*law*	der Rassist	*racist (person)*
gewaltig	*powerful, violent*	das Rauschgift	*drug*
die Gewalttätigkeit	*violence*	die Spendenaktion	*fundraising campaign*
die Gleichheit	*equality*		
die gute Tat	*good deed*	die Spionage	*spying*
das hohe Alter	*old age*	die Straftat	*criminal offence*
lösen	*to solve*	die Überdosis	*overdose*
die Menschenrechte (pl)	*human rights*	unglücklich	*unfortunate*
der Mord	*murder*		

Tourism

das Ausland	*abroad*	der Reisescheck	*traveller's cheque*
bemerken	*to notice*	die Rundfahrt	*guided tour (e.g. on a bus)*
besichtigen	*to go and see, to visit*		
der Besuch	*visit*	der Rundgang	*guided tour (on foot)*
besuchen	*to visit*	sehenswert	*worth seeing*
die Burg	*castle*	Sehenswürdigkeiten (pl, f)	*sights*
das Denkmal	*monument*		
der Euro	*euro*	die Sprache	*language*
die Führung	*guided tour*	der Stadtbummel	*walk around town*
das Informationsbüro	*information office*	der Stadtführer	*town guidebook*
die Passkontrolle	*passport control*	der Stadtplan	*town map*
der Plan	*plan, map*	die Stadtrundfahrt	*sightseeing tour of a town or city*
das Reisebüro	*travel agent's*		
		suchen	*to look for*

die Tour	*tour*	die Übernachtung mit Frühstück	*B&B*
der Tourismus	*tourism*	das Verkehrsamt	*tourist office*
der Tourist	*tourist*	der Wechselkurs	*exchange rate*
die Touristeninformation	*tourist information*	die Wechselstube	*bureau de change*
die Übernachtung	*overnight stay*	das Wörterbuch	*dictionary*

Higher only:

der Aufenthalt	*stay*	übersetzen	*to translate*

Transport

abfahren	*to depart, to leave*	sich beeilen	*to hurry up*
die Abfahrt	*departure (vehicle e.g. train)*	das Benzin	*petrol*
		das Boot	*boat*
das Abteil	*compartment (train)*	die Bundesstraße	*A-road*
die Ampel	*traffic lights*	der Bus	*bus*
anhalten	*to stop (vehicles)*	der Busbahnhof	*bus station*
die Ankunft	*arrival*	der Diesel	*diesel*
aussteigen	*to get off, to get out*	die einfache Fahrkarte	*single ticket*
		einsteigen	*to get on*
das Auto *Also* der Wagen	*car*	die Einzelfahrkarte	*single ticket*
die Autobahn	*motorway*	entwerten	*to validate, to stamp (a ticket)*
die Bahn	*railway*	fahren	*to go, to drive*
der Bahnhof	*station*	der Fahrer	*driver*
der Bahnsteig *Also* das Gleis	*platform*	das Fahrgeld	*fare*
		die Fahrkarte *Also* der Fahrschein	*ticket*
		der Fahrkartenautomat	*ticket machine*

der Fahrkartenschalter	ticket office
der Fahrplan	timetable
der Fahrpreis	fare
der Fahrradverleih	bicycle hire
das Fahrzeug	vehicle
der Fluggast	air passenger
das Flugzeug	plane
folgen	to follow
der Führerschein	driving licence
der Fußgänger	pedestrian
gehen	to go, to walk
die Geschwindigkeit	speed
die Geschwindigkeitsbegrenzung	speed limit
gültig	valid
halten	to hold, to stop (moving)
die Haltestelle	stop
der Hauptbahnhof	main station
die Hauptstraße	main road
hin und zurück	there and back, return
die Karte	card, ticket
der Kreisverkehr	roundabout
die Kreuzung	crossroads
die Linie	line, bus route
der LKW (Lastkraftwagen) Also der Lastwagen	lorry
die Maut	toll
das Mofa	moped
das Motorrad	motorbike
die Panne	breakdown, puncture
der Parkplatz	car park, parking space
der Reisebus	coach
das Reiseziel	destination
die Rückfahrkarte	return ticket
rückwärts	backwards
die S-Bahn	suburban railway
Schlange stehen	to queue
der Sicherheitsgurt	seat belt
spazieren	to walk
steigen	to get on, to get into (a car, train etc.)
die Stoßzeit	rush hour
die Straßenbahn	tram
tanken	to fill up (fuel tank)
die Tankstelle	petrol station
die U-Bahn	underground (railway)
überfahren	to run over
überholen	to overtake
die Umleitung	diversion
umsteigen	to change (e.g. trains)
unterwegs	under way, on the way
das Verkehrsmittel	means of transport
der Verkehrsunfall	road accident
verpassen	to miss (e.g. bus)
vorbeigehen	to pass by
die Vorfahrt	priority, right of way
vorgehen	to go forward
vorwärts	forwards

zu Fuß	on foot	zurückfahren	to return (driving)
der Zug	train	zurückgehen	to return (on foot)
zurück	back	zurückkehren	to return

Higher only:

an Bord gehen	to embark, to board	bremsen	to brake
anspringen	to start (car)	die Hauptverkehrszeit	rush hour
das Autobahnkreuz	motorway junction	der Hubschrauber	helicopter
		der Nahverkehrszug	local train
der Autounfall	car accident	Parken verboten	No parking
der Bahnübergang	level crossing	die Verbindung	connection (e.g. trains)

Travel

abfliegen	to take off	der Fahrgast	passenger (bus, taxi)
der Abflug	departure (aeroplane)	die Fahrradvermietung	bike hire
an Bord	on board	die Fahrt	journey
die Ausfahrt	exit	fliegen	to fly
der Ausländer	foreigner	der Flug	flight
ausländisch	foreign (other country)	der Flughafen	airport
		fremd	foreign (strange)
bereit	ready	das Gepäck	luggage
direkt	direct	die Gepäckaufbewahrung	left luggage
die Einfahrt	entrance (vehicles)		
		der Hafen	harbour
erreichen	to reach, to catch	herumfahren	to travel around
die Fähre	ferry		

der Koffer	suitcase	der Schlafwagenplatz	bunk
der Kontrolleur	ticket inspector	seekrank	seasick
landen	to land	der Speisesaal	dining room (in a hotel)
die Landkarte	map		
der Liegeplatz	bunk	der Speisewagen	dining car
mieten	to rent, to hire	der Treffpunkt	meeting place
mit Blick auf	with a view of	der Tunnel	Channel tunnel
der Passagier	passenger	die Überfahrt	crossing (sea)
der Platz	seat	weg	away
die Reise	trip	wegfahren	to leave
reisen	to travel	weiterfahren	to continue (journey)
der Reisende	traveller		
Also die Reisende		der Wohnwagen	caravan
die Reisetasche	holdall	zurückkommen	to come back
die Route	route	zusehen	to watch (someone doing something)
der Rucksack	rucksack		
der Schlafwagen	sleeping car		

Higher only:

der Dampfer	steamer	die Raststätte	motorway services
entdecken	to discover		
		der Zoll	customs

Weather

bedeckt	overcast, cloudy	der Donner	thunder
Also bewölkt		donnern	to thunder
der Blitz	lightning	das Eis	ice
es blitzt	there is lightning		

feucht	*humid*	der Schauer	*shower (weather)*
frieren	*to freeze*	scheinen	*to shine*
das Gewitter	*thunderstorm*	der Schnee	*snow*
das Glatteis	*black ice*	schneien	*to snow*
der Grad	*degree*	die Sonne	*sun*
der Hagel	*hail*	sonnig	*sunny*
hageln	*to hail*	spritzen	*to spray*
heiß	*hot*	der Sturm	*storm*
heiter	*bright*	stürmisch	*stormy*
der Himmel	*sky*	die Temperatur	*temperature*
die Hitze	*heat*	das Thermometer	*thermometer*
die Höchsttemperatur	*highest temperature*	die Tiefsttemperatur	*lowest temperature*
kalt	*cold*	trocken	*dry*
das Klima	*climate*	der Tropfen	*drop (water)*
nass	*wet*	warm	*warm*
der Nebel	*fog, mist*	das Wetter	*weather*
nebelig	*foggy*	der Wetterbericht	*weather report*
der Niederschlag	*rainfall*	die Wettervorhersage	*weather forecast*
der Regen	*rain*	der Wind	*wind*
regnen	*to rain*	windig	*windy*
regnerisch	*rainy*	die Wolke	*cloud*
		wolkig	*cloudy*

Higher only:

die Aufheiterung	*bright spell*	die Durchschnitts-temperatur	*average temperature*
aufklären	*to brighten up*	wechselhaft	*changeable*

Future Plans

annehmen	to accept, to take on		die Leistung	achievement
aufgeben	to stop, to give up		die Medizin	medicine (subject)
der Ausbildungsplatz	place for a trainee		möglich	possible
der Auszubildende	apprentice		die Möglichkeit	possibility
Also die Auszubildende			die Oberstufe	sixth form
beraten	to advise		planen	to plan
der Beruf	profession, job		das Projekt	project
der Berufsberater	careers adviser		die Qualifikation	qualification
beschließen	to decide (come to a conclusion)		raten	to advise
			die Schulbildung	education
der Ehrgeiz	ambition		die Sorge	worry
sich entscheiden	to decide (make a decision)		der Studienplatz	university place, college place
Also sich entschließen			studieren	to study
erfahren	experienced		das Studium	studies
die Erfahrung	experience (knowledge, skill)		theoretisch	theoretical
			der Traum	dream
erfolgreich	successful		die Universität	university
erfüllen	to fulfil		unsicher	unsure
erleben	to experience		verdienen	to earn
erwarten	to expect		verhindern	to prevent
sich freuen auf	to look forward to		vorhaben	to intend, to plan
die Gelegenheit	opportunity, chance		der Wunsch	wish
			sich wünschen	to wish
gründen	to found		das Ziel	aim
gut bezahlt	well paid		zufrieden	contented
ideal	ideal		die Zukunft	future
der Job	job		die Zukunftspläne *(pl)*	future plans
der Kurs	course			
der Lebenslauf	CV			

Higher only:

ausfallen	*to drop out*	der Hochschul-abschluss	*degree*
ausgebildet	*trained*		
die Begeisterung	*enthusiasm*	die Hochschulbildung	*higher education*
die Fachhochschule	*specialist college (higher education)*	die Hoffnung	*hope*
		Jura	*(study of) law*
		qualifiziert	*qualified*
die Fachschule	*technical college*	umsonst	*for nothing, in vain*

Jobs

der Apotheker *Also* die Apothekerin	*pharmacist*	der Blumenhändler *Also* die Blumenhändlerin	*florist*
der Arbeiter *Also* die Arbeiterin	*worker*	der Briefträger	*postman*
der Architekt *Also* die Architektin	*architect*	die Briefträgerin	*postwoman*
der Arzt *Also* die Ärztin	*doctor*	der Designer *Also* die Designerin	*designer*
der Assistent *Also* die Assistentin	*assistant*	der Dichter *Also* die Dichterin	*poet*
der Bäcker *Also* die Bäckerin	*baker*	der Elektriker *Also* die Elektrikerin	*electrician*
der Bauarbeiter *Also* die Bauarbeiterin	*builder*	der Fabrikarbeiter *Also* die Fabrikarbeiterin	*factory worker*
der Bauer *Also* die Bäuerin *Also* der Landwirt *Also* die Landwirtin	*farmer*	die Feuerwehrfrau	*firefighter (female)*
		der Feuerwehrmann	*fireman, firefighter*
der Beamte *Also* die Beamtin	*civil servant*	der Firmenchef *Also* die Firmenchefin	*company director*
der Bibliothekar *Also* die Bibliothekarin	*librarian*		

der Fleischer	butcher	der Krankenpfleger	nurse
Also die Fleischerin		*Also* die Krankenschwester	
der Fotograf	photographer	der Künstler	artist
Also die Fotografin		*Also* die Künstlerin	
der Freiwillige	volunteer	der Ladenbesitzer	shopkeeper
Also die Freiwillige		*Also* die Ladenbesitzerin	
der Friseur	hairdresser	der Landarbeiter	farm labourer
Also die Friseurin		*Also* die Landarbeiterin	
der Gärtner	gardener	der Lehrer	teacher
Also die Gärtnerin		*Also* die Lehrerin	
die Geschäftsfrau	businesswoman	der Leiter	leader, director
der Geschäftsmann	businessman	*Also* die Leiterin	
der Grundschullehrer	primary school	der LKW-Fahrer	lorry driver
Also die Grundschullehrerin	teacher	*Also* die LKW-Fahrerin	
der Handarbeiter	manual worker	der Maler	painter (artist)
Also die Handarbeiterin		*Also* die Malerin	
die Hausfrau	housewife	der Maurer	builder, bricklayer
der Hausmann	househusband	*Also* die Maurerin	
der Hausmeister	caretaker	der Mechaniker	mechanic
Also die Hausmeisterin		*Also* die Mechanikerin	
Herr Ober!	waiter!	der Metzger	butcher
der Informatiker	computer	*Also* die Metzgerin	
Also die Informatikerin	scientist	der Modeschöpfer	fashion designer
der Ingenieur	engineer	*Also* die Modeschöpferin	
Also die Ingenieurin		der Musiker	musician
der Journalist	journalist	*Also* die Musikerin	
Also die Journalistin		der Nebenjob	part-time job
der Kassierer	cashier, checkout	der Pfarrer	pastor, vicar
Also die Kassiererin	assistant	*Also* die Pfarrerin	
der Kaufmann	shop assistant	der Polizist	policeman
Also die Kauffrau		die Polizistin	policewoman
der Kellner	waiter	der Portier	porter
die Kellnerin	waitress	*Also* die Portierin	
der Klempner	plumber	die Postbote	postman
Also die Klempnerin		die Postbotin	postwoman
der Koch	cook, chef		
Also die Köchin			

der Priester	priest
Also die Priesterin	
der Programmierer	computer
Also die Programmiererin	programmer
der Schauspieler	actor
die Schauspielerin	actress
die Schneiderei	tailoring
der Sekretär	secretary
Also die Sekretärin	
selbständig	self-employed
die Stelle	place, job, post
der Steward	steward
die Stewardess	stewardess

der Taxifahrer	taxi driver
Also die Taxifahrerin	
der Techniker	technician
Also die Technikerin	
der Tellerwäscher	dishwasher
Also die Tellerwäscherin	(person)
der Tierarzt	vet
Also die Tierärztin	
der Tischler	joiner
Also die Tischlerin	
der Verkäufer	salesman
die Verkäuferin	saleswoman
der Zahnarzt	dentist
Also die Zahnärztin	

Higher only:

der Anstreicher	painter
Also die Anstreicherin	(decorator)
der Dolmetscher	interpreter
Also die Dolmetscherin	
die Ganztagsstelle	full time job
der Kinderpfleger	paediatric nurse
Also die Kinderpflegerin	

der Rechtsanwalt	lawyer
Also die Rechtsanwältin	
der Schriftsteller	writer
Also die Schriftstellerin	

School Equipment

die Akte	*file*	das Lineal	*ruler*
die Aktenmappe	*folder*	der Radiergummi	*rubber (eraser)*
der Anspitzer Also der Spitzer	*sharpener*	die Schere	*scissors*
das Arbeitsblatt	*worksheet*	das Schließfach	*locker*
die Ausrüstung	*equipment*	der Schreibblock	*writing pad*
der Bleistift	*pencil*	das Schulbuch	*school book*
das Buch	*book*	die Schultasche	*school bag*
das Etui	*pencil case*	der Stift	*something to write with*
der Filzstift	*felt tip pen*	die Tafel	*board, blackboard*
der Füller	*fountain pen*	der Taschenrechner	*calculator*
das Heft	*exercise book*	das Tipp-Ex®	*Tipp-Ex®*
die Kreide	*chalk*	der Zettel	*note, piece of paper*
der Kuli Also der Kugelschreiber	*biro, ball point pen*		

School Life

das Abitur	*A level exam*	anwesend sein	*to be present*
der Abiturient	*A level student*	arbeiten	*to work*
das Abschlusszeugnis	*school leaving certificate*	die Arbeitsgruppe Also die Arbeitsgemeinschaft	*team*
abwesend	*absent*	die Aufgabe	*exercise, task*
anstrengend	*strenuous, demanding*	aufpassen	*to pay attention*
die Antwort	*reply, answer*	der Austausch	*exchange*
antworten Also beantworten	*to answer*	befehlen	*to order (command)*

71

das Beispiel	example
besprechen	to discuss
bestehen	to pass an exam
bestrafen	to punish
die Bildung	education
blau machen	to play truant
der Direktor	director, headteacher
die Doppelstunde	double lesson
durchfallen	to fail (exam)
der Erfolg	success
der erste Schultag	first day back at school
das Experiment	experiment
fehlen	to be missing, to fail
fertig	finished, ready
fleißig arbeiten	to work hard
die Frage	question
gelingen	to succeed
gemischt	mixed
die Hausaufgaben	homework
der Kaugummi	chewing gum
die Kenntnis	knowledge
die Klasse	class
die Klassenarbeit	test
die Klassenfahrt	class trip
können	to be able to
die Kopie	copy (print)
kopieren	to copy
korrigieren	to correct, to mark
einen Kurs besuchen	to do a course
leihen	to lend
lernen	to learn
die Mittlere Reife	intermediate school certificate
mühsam	laborious, hard
mündlich	oral
müssen	to have to, must
nachsitzen	to be in detention
die Note	mark, grade
der Notendruck	pressure to get good marks
notieren	to make a note
die Pause	break
prüfen	to test, to examine, to check
die Prüfung Also das Examen	exam
eine Prüfung machen	to sit an exam
die Regel	rule
der Schulabschluss	school leaving certificate
der Schulbus	school bus
die Schule	school
Schule besuchen	to attend school
der Schüler Also die Schülerin	pupil
die Schülerzeitung	school newspaper
die Schulferien (pl)	school holidays
die Schulgruppe	school group
das Schuljahr	school year
der Schulleiter Also die Schulleiterin	headteacher
der Schultag	school day
schwatzen	to chat

Section 4 — Current & Future Study & Employment

schweigen	*to be silent, to say nothing*	der Stundenplan	*timetable*
das Semester Also das Trimester	*term*	die Uniform	*uniform*
		unterrichten	*to teach*
sich setzen	*to sit down*	verlieren	*to lose*
sitzen	*to sit (be seated)*	die Versammlung	*meeting, assembly*
sitzen bleiben	*to repeat a year*	verstehen	*to understand*
die Sommerferien *(pl)*	*summer holidays*	der Vertreter	*representative*
sprechen	*to speak*	wiederholen	*to repeat*
der Student	*student*	das Zeichen	*sign, symbol*
die Stunde Also der Unterricht	*lesson*	zeichnen	*to draw*
		das Zeugnis	*report*

Higher only:

die Abschlussprüfung	*final exam*	der Leistungsdruck	*pressure to achieve*
abschreiben	*to copy out*		
abwählen	*to drop (a subject)*	schikanieren Also mobben	*to bully*
der Aufsatz	*essay*	schwänzen	*to skip lessons, to play truant*
begabt	*talented*		
der Elternabend	*parents' evening*	die Strafarbeit	*lines, work as punishment*
der Fortschritt	*progress*	der Tutor Also die Tutorin	*tutor*
der Fremdsprachen-assistent	*foreign language assistant*	versetzt werden	*to move up to the next class*
das Klassenbuch	*register*		

School Subjects

die Biologie	*biology*	das Drama	*drama*
die Chemie	*chemistry*		

die Erdkunde *Also* die Geographie	*geography*	die Mathe *Also* die Mathematik	*maths*
das Fach	*subject*	die Medienwissenschaft	*media studies*
das Französisch	*French*	Naturwissenschaften *(pl)*	*science*
die Geisteswissen-schaften *(pl)*	*humanities*	die Physik	*physics*
die Geschichte	*history*	die Religion	*Religious Studies*
die Informatik	*computing, IT, ICT*	die Soziologie	*sociology*
		das Turnen	*P.E.*
das Latein	*Latin*	das Werken	*DT*

Higher only:

die Hauswirtschafts-lehre	*home economics*	die Übersetzung	*translation*
das Pflichtfach	*compulsory subject*	das Wahlfach	*optional subject*
		die Wirtschaftslehre	*business studies, economics*
das Schulfach	*school subject*		
die Sozialkunde	*social science*	die Zeitverschwendung	*waste of time*

School Types and Buildings

die Aula	*school hall*	die Hauptschule	*secondary school*
die Berufsschule	*technical college*	das Internat	*boarding school*
der Gang	*corridor*	der Kindergarten	*nursery school*
die Ganztagsschule	*school that lasts all day*	das Klassenzimmer	*classroom*
die Gesamtschule	*comprehensive school*	das Lehrerzimmer	*staff room*
		die Privatschule	*private school*
die Grundschule	*primary school*	die Realschule	*secondary technical school*
das Gymnasium	*grammar school*	der Schulhof	*school yard*

| das Sekretariat | *secretary's office* | das Sprachlabor | *language lab* |
| der Sportplatz | *sports ground, field* | die staatliche Schule | *state school* |

Higher only:

| das Ausbildungs-zentrum | *training centre* | der Fernunterricht | *distance learning* |

World of Work

abheften	*to file*
am Apparat	*on the line*
der Angestellte	*employee*
Also die Angestellte	
die Arbeit	*work*
der Arbeitgeber	*employer*
Also die Arbeitgeberin	
Arbeitsbedingungen (pl)	*terms of employment*
das Arbeitspraktikum	*work experience*
die Arbeitszeit	*working hours*
aufpassen auf	*to look after*
die Ausbildung	*training, development*
berufstätig	*employed*
beschäftigt	*busy*
der Besitzer	*owner*
Also die Besitzerin	
der Betrieb	*business*
das Betriebspraktikum	*work experience*
Also die Arbeitserfahrung	
sich bewerben um	*to apply for*

die Bewerbung	*application*
der Brief	*letter*
der Chef	*boss*
Also die Chefin	
eilig	*urgent, hurried*
die Fabrik	*factory*
die Fähigkeiten (pl)	*skills*
die Firma	*firm, company*
das Formular	*form*
ein Formular ausfüllen	*to fill in a form*
forschen	*to research*
das Gehalt	*salary, pay*
die Halbtagsarbeit	*part-time work*
Ich verbinde Sie	*I'll put you through*
im Gespräch mit	*in communication with*
in Bezug auf	*further to, following*
das Interview	*interview*
die Kaffeepause	*coffee break*
der Kandidat	*candidate*
Also die Kandidatin	

Kann ich etwas ausrichten?	*Can I take a take a message?*	schriftlich	*in writing*
die Karriere	*career*	das Stellengesuche	*speculative job application*
der Kollege Also die Kollegin	*colleague*	der Streik	*to strike*
die Konferenz	*conference*	stressig	*stressful*
das Labor	*laboratory*	die Teepause	*tea break*
die Lehre	*apprenticeship*	die Teilzeit	*part-time*
lehren	*to teach, to instruct*	der Teilzeitjob	*part-time job*
liefern	*to deliver*	der Termin	*appointment*
der Lohn	*wages*	die Vollzeitarbeit	*full-time work*
der Manager Also die Managerin	*manager*	das Vorstellungsgespräch	*job interview*
das Marketing	*marketing*	Warten Sie einen Moment	*Wait a moment (formal)*
der Mindestlohn	*minimum wage*	die Werkstatt	*repair workshop, garage*
pro Stunde	*per hour*	werktags	*(on) week days*
Rufen Sie mich an	*Call me (formal)*	zu Händen von	*for the attention of*
schlecht bezahlt	*badly paid*		

Higher only:

die Aufsicht	*supervision*	Bewerbungsunterlagen (pl)	*application form*
die Aufstiegs- möglichkeit	*opportunity for promotion*	dringend	*urgent*
ausrichten	*to line up, to organise*	der Lehrling	*apprentice*
die Begegnung	*meeting*	das Praktikum	*work experience*
beilegen	*to enclose*	die Schichtarbeit	*shift work*
beiliegend	*enclosed*	Stellenangebote *(pl, n)*	*job vacancies*
der Bewerber Also die Bewerberin	*applicant*	das Unternehmen	*undertaking, enterprise*
der Bewerbungsbrief	*letter of application*	verwenden	*to use (tools, materials etc.)*
das Bewerbungsformular	*application form*		

Section 4 — Current & Future Study & Employment

Notizen

DHV41